和田式 勉強のやる気をつくる本

やれない自分を変えるちょっとしたアイデア75

受験技術研究家・精神科医
和田秀樹

Gakken

はじめに

「やれない自分」を今日から変えていこう！

やる気が「ない」と思い込んでいるキミへ

勉強でわからないことがあれば、友人や教師に質問すれば解決できる。しかし、「勉強に手がつかない」とか「やる気がイマイチ出てこない」などといった悩みは、誰に相談してもスッキリした答えがなかなか返ってこない。

勉強を頑張ろうという気持ちはあるのに、ついつい怠け心が首をもたげてテレビを見てしまう、ゲームに手を出してしまう、遊びの誘惑に負けてしまう……。「厳しさが足りないからだ」「自分に甘えているからだ」など、そんなことは人に言われなくてもわかっている。わかっているのに、相変わらずやる気になれない"ダメな自分"がいる。だから困っているのだろう。

私にも経験があるから気持ちは痛いほどよくわかる。しかし断言してもいいが、それはキミにやる気が「ない」からではない。もし本当にキミがやる気のない人間だったら、そんなことでいちいち悩みはしない。やる気があるからこそ、"やれない自分”に苛立ち、誘惑に負けてしまう自分を情けなく思うのだ。
もう一度言うが、キミにやる気が「ない」のではない。“やる気の芽”は、実は誰でももっている。問題は、それを育てる方法、つまりは「やる気の引き出し方」を知らないだけなのだ。そのことをキミが認めてくれるなら話は早い。まずは「やる気を引き出す方法を知る」ところからスタートすればいい。そのスターターとしての役割を私が引き受けよう。

“やる気のモト”となるものは人によって違う

「人間がやる気になるとはどういうことか」「やる気を高める効果的な方法とは何か」。やる気のメカニズムを解明する研究は、心理学の世界ではかなり進んでいる。本書でも、最新心理学の研究成果を踏まえた「やる気のつくり方」の数々を伝えていく。とは言っても小難しい理論の説明には立ち入らず、いつでも気軽に、寝ころびながらでも読んでもらえるように工夫した。
75のアイデア、さらに「Tips」として示す“変化球”を含めると全部で150近くものノウハウを、本書では大きく習慣術・自己管理術・心理術・人間関係術・発想術に分類して紹介する。
「そんなにたくさんのノウハウを知らないとダメなのか」と思

うかもしれないが、そういうわけではない。人によっては、このなかのたったひとつのアイデアを実践するだけで、即座に効果が表れることもあるだろう。しかし、そのアイデアがすべての人に通用するとは限らない。

実はここが難しいところで、万人に共通して効果がある理論なり方法なりはそもそも存在しない。たとえば「テストで満点を取ったら１万円あげる」と言われてやる気になる人もいれば、お金で釣られて勉強するのは嫌だと、逆にやる気が失せてしまう人もいるだろう。臨床心理学の立場では、「何がキッカケでやる気を出すか」は、一人ひとりで違っていると考える。

だから、私としては、とにかくできるだけ多くのノウハウをこの本に詰め込むことに腐心した。これだけの“球種”と“コース”を用意しておけば、誰がバッターボックスに立ったとしても、ヒットやホームランを打てる確率は高くなる。それが大きな狙いだ。

やる気の引き出し方をたくさん知って試そう！

数多くのノウハウを紹介する狙いはもうひとつある。それは、やる気を引き出す方法をたくさん知っているほど、困難な局面に遭遇したときの対応能力が高くなるからである。

たとえば、あるひとつのアイデアを実践したとき、最初のうちは効果があっても、やがて元の状態に戻ってしまうことがあるかもしれない。そうなったとき、同じアイデアで攻め続けても効果はあまり期待できない。

Ａというアイデアで効果がなければ、Ｂのノウハウを試す。それでもダメならＣの方法、あるいはＡとＣを組み合わせてみる。手持ちのノウハウがたくさんある人は、あれこれ試すうちにその時々で最適な方法を探し当て、問題を解決できる確率が高くなる。問題解決能力を高めるためにも、数多くのノウハウを知っておこう。

あとは実践あるのみ！　「やってみようかな」「これなら自分にもできそうかな」と思ったアイデアがあれば、明日と言わず今日からでもさっそく試してほしい。自分の可能性を広げるために。

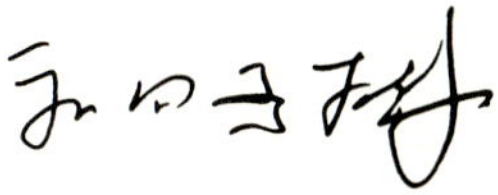

第3章

「これならやれそう」と思わせる心理術

第5章

「勉強が苦にならない自分」をつくる発想術

カバーデザイン —— 渡邉民人（TYPE FACE）
本文デザイン —— 二ノ宮 匡（TYPE FACE）
イラスト —— 七字由布
編集協力 —— 藤田梨絵

第1章

「明日やればいいや」を追放する習慣術

「明日やろう」と決意して、次の日も勉強しないのはなぜ？

✶

「できない自分」から逃げようとしていないか？

学校の宿題や受験勉強など、「やりたくないなぁ」と思っていることに対しては、あとへあとへと延ばそうとする心理が働く。勉強しなくちゃという気持ちはあるのに、「ご飯を食べてから」「テレビを見てから」「ゲームをやってから」と、ついつい先延ばししてしまう。そして、寝る時間が近づいてくると、決まってこう思う。

「ああ、今日もまたやれなかった。でも明日こそはちゃんと頑張るぞ！」

先に勉強を片づけてから遊んだほうが絶対にいいのはわかっているのに、なかなかそれができない。「そんなダメな自分をどうにか変えたい」と思っている人に、この章では「勉強を先延ばししない」ためのちょっとした工夫や習慣術を紹介していく。“勉強グセ”をつけるのは、実はそんなに難しいことではないのだ。

その前に、なぜ勉強を先延ばししようとするのか、その理由を考えてみよう。「やりたくないから」「もともとやる気がないから」ではない。それだったら、「明日こそ頑張ろう」などと決意したりしない。では、どうして？

「やってもできない自分」を認めたくないという気持ちが心の奥に潜んでいて、それが「やろうとする自分」にブレーキをかけている。つまり、勉強をしないことによって、「できない自分」を正当化しようとしているのではないか。

人間は、何かうまくいかないことがあったとき、都合のいい理由や言いわけをつくって自分を守ろうとする（精神分析学ではこれを「防衛機制」と呼ぶ)。たとえば、テストの得点が悪かったとき、「勉強する時間があまりなかったから」とか「気分が乗らずに集中できなかったから」などと言いわけしておけば、とりあえず傷つかずにすむ。早い話が、「自分はバカじゃない。本当はやればできる。だけど、まだ本気モードになっていないから」ということにしておきたいのだ。

その裏には、「もし本気で勉強してできなかったら自分が惨《みじ》めだ」という不安が潜《ひそ》んでいる可能性がある。その不安を打ち消すのに一番てっとり早いのは、なんだかんだと理由をつけて勉強をしないことなのだ。「やってもできない自分」を認めたくないために、勉強を先延ばししようとする。勉強をしないでいる限り、「やっていないからできない」と言い逃れをして自分を守れる。

こうした行動を、精神分析学では「否認」と呼ぶ。文字通り「できない自分」を認めようとしない故《ゆえ》の行動なのだが、これでは自分を変えられない。「明日から頑張る」の「明日から」が「来月から」になり、さらに「新学期から」「高３の夏休みから」になるのが目に見えているからだ。

「勉強してもできない」のは、100%“やり方”の問題だ！

そこで、こう考えてほしい。まずは「できない自分」を素直に受け入れ、「できるようになる」ために頑張って勉強に手をつけてみるのだと。「勉強していないからできない」という“言いわけ”を封印し、逃げられない状況をつくるのだ。

勉強しているのに成績が上がらないこともあるだろうが、そんな自分を惨めに思うことはまったくない。少なくとも、勉強を先延ばしすることで「できない自分」から逃げている人より数万倍も望みがある。

「勉強しているのにできない」のには原因がある。特に、これまでほとんど勉強してこなかった人は、基礎力が身についていないため、すぐには成績が上がらない。ここは我慢のしどころだ。どんな科目でも、正しいやり方で勉強すれば必ず伸びる。ところが、ちょっとやってできないとなると、すぐに「頭が悪い」とか「生まれつきの才能がない」と決めつけ、あきらめてしまう人が少なくない。

実は「頭が悪いから勉強ができない」という言いわけも、「できない自分」を正当化する否認の一種である。「頭が悪い」せいにしておけば、自分を変える努力をしなくてすむ。明らかに自分から逃げている。これでは絶対に進歩しない。

しかし、断言するが、勉強してもできないのは、100 %“やり方”の問題と考えていい。勉強してもうまくいかないとき、「頭が悪いから」ではなく、「やり方がまずいから」と思えるかどうか。すべてはここにかかっている。

「正しい勉強法」については、拙著『和田式　高２からの受験術』や『和田式　受験英語攻略法』（いずれも学研）などを参考にしてほしい。それ以前の問題として、「いやでも勉強する気になる」ためのノウハウやテクニックを伝えるのが、本書のメインテーマである。

STEP

1

取っ掛かりをよくする

おっくうな勉強も、覚悟を決めて手をつければ意外にスッと取り組めるものだ。いやなのは最初のうちだけで、歯磨きや洗顔のように習慣化すると、勉強がおっくうだとか面倒だとかと思わなくなる。

では、どうすればすんなりと勉強に入れるようになるか。勉強に取り掛かる前の心理的な抵抗感を、できるだけ少なくすればいい。実に簡単なことだ。

たとえば、料理が苦手な人は、カレーやチャーハンをつくること自体、ものすごくたいへんな作業に感じる。冷蔵庫から必要な食材を取り出し、包丁で切ることを想像しただけでゲンナリする。しかし、もし必要な食材がすべて目の前にそろっていて、あとは鍋やフライパンに投入するだけで完成するとしたら、それほど面倒だとは思わずにサッサと調理するだろう。

それと同じことが勉強でも言える。苦痛だとかおっくうだとか意識しすぎるから、勉強になかなか手がつかない。「別にたいしたことない」と思えれば、それほど抵抗なく手をつけられる。

要は「取っ掛かりをよくする」ように、ちょっとした“お膳立て”を整えておけばいいのだ。ここではそんな工夫やアイデアを紹介していくので、「やってみようかな」と思ったことは、今日からさっそく試してみてほしい。

自然体でスッと勉強に入っていける習慣術

idea 01

参考書を机に開いて家を出よう！

idea 02

自分だけの“5分間儀式”で、勉強スイッチON！

idea 03

夕食後のダイニングテーブルで勉強を始める

idea 04

得意な科目からその日の勉強をスタート！

idea 05

ノルマを持ち帰らない“9時5時勉強法”

idea

01

参考書を机に開いて家を出よう！

「勉強するのが面倒だから、机に向かえない」

本当にそうだろうか？

こんな想像をしてみてほしい。

家に帰ったら家庭教師がニコニコして待ち構えている。

「お帰りなさい。さあ今日は英語の過去完了形の復習をしよう。まずはこの問題を解いてみようか」と指示される。

机の上には親切にも今日やるべき問題集のページが開いてあり、脇にはノートとエンピツも用意されている。

これはラクだ。抵抗なく机に向かえるだろう。

しかも、椅子に座った瞬間、スッと勉強に取り掛かれる。

「面倒だ」「やりたくない」などと言っているヒマはない。

つまり、本当は「勉強するのが面倒」なのではないことに気づいてほしい。
「何を勉強しようかと考える」のがおっくうなだけなのだ。
であれば、こうするといい。別に家庭教師を雇う必要はない。
前日の晩に「明日帰ってから勉強すること」を決め、机の上に勉強道具を一式そろえてしまう。
その際、予定している問題集や参考書の該当ページを開いておくのがポイントだ。
ノートや筆記用具、辞書類などの必需品も、すぐ手の届くところに配置する。
ここまでの準備をしてからぐっすり眠り、翌朝家を出る。
学校から帰ってきて机の上を見ると、「さあ、さっそく始めましょうか」とばかりにすべてが用意されている。
面倒なことは一切ない。
机に向かった瞬間、自然に勉強に取り掛かっている自分がそこにいる。
「今までの自分はなんだったんだろう」と思うことだろう。

Tips

「明日の自分」にメッセージを託す

「9時からドラマ。それまでにサクサク片づけよう！」「今日もガンバロウ！」などと書いたポストイットを、机の上に貼っておく。明日の自分への励ましメッセージが、気持ちを勉強に向けてくれる。

idea

02

自分だけの“5分間儀式”で、勉強スイッチON！

勉強に取り掛かる前に、携帯メールのチェックや部屋の整理整頓などを始めてしまい、結局、ほとんど勉強に手をつけずに一日が終わってしまう。

「なぜ自分はこんなに意志が弱いんだろう……」

そう自己嫌悪におちいっている人も、意志が弱いわけではない。実はかなりいい線まで行っている。

「これをやってスッキリしてから勉強しよう」という“ケジメ意識”が働いているからこそ、たとえばメールチェックや整理整頓を始めてしまうわけだ。

このケジメ意識はオフとオンを切り換えるための“儀式”のようなもので、勉強の習慣化には欠かせない。

問題は「何をやるか」である。

メールチェックや部屋の掃除は、やろうと思えばキリなく続けられるので踏ん切りがつけにくい。ゲームやマンガ、テレビも同じである。
“スイッチオンの儀式”としてふさわしいのは、
「紅茶やコーヒーをいれて勉強部屋に行く」
「机の上をぞうきんでサッとふく」
「エンピツを10本削って机の上に並べる」
など、短時間ででき、雑念が生じにくい単純な作業がいい。
受験の成功者に聞いてみると、やはり、自分なりの儀式をもっていた人が多い。なかには「モヤシのヒゲ取り」のような奇妙な儀式もあった。
私の場合は、お気に入りのロックバンドの曲を一曲だけヘッドホンで聴き、気分を盛り上げてから「よし、勉強だ！」と机に向かっていた。
何が向いているかは人それぞれ。
いろいろ試して、自分だけの“5分間儀式”を見つけよう！

Tips

一石二鳥の5分間計算トレーニング

勉強の前に単純な計算練習をすると、記憶力や集中力が高まることが脳科学の研究で実証されている。「百ます計算」のようなドリルを5分間集中して解く“儀式”は、計算力強化にもなってまさに一石二鳥！

idea 03

夕食後の ダイニングテーブルで 勉強を始める

疲れて家に帰ると、何をするのも面倒に感じる。
カバンをポンと放り投げ、着替えた服は脱ぎっぱなし。とりあえずテレビをつけてリビングのソファに横たわる。ぼんやりテレビを見ているうちに夕食の時間がくる。
食べ終わって動き出すかと思えば、相変わらずテレビの前から離れられない。「ああ、部屋に戻るのも面倒だ……」
だったら、わざわざ自分の部屋に行くことはない。食事が終わってテーブルの上が片づいたら、そこを自分の“勉強机”にしてしまえばいいのだ。
実は、ダイニングでの勉強に効果があることが、慶応大学SFC研究所と住宅コンサルティング会社との合同調査で明らかにされている。

首都圏の有名私立中学合格者の家庭約200軒を訪問して生活スタイルを調べたところ、難関校に受かった子ほど、自分の部屋で勉強していない傾向が明らかになった。
彼らがふだんどこで勉強することが多かったかというと、開放的なダイニングやリビングだった。
家族の誰かに「見られている」という適度な緊張感や、「頑張っているところを親に見せたい」という心理。リビングやダイニングでの勉強は意外にはかどるのだ。これはキミたちでも多分同じだろう。
「部屋に戻るのが面倒」と思ったときは、そのままダイニングテーブルに居座って勉強してみたらどうだろう。
ダイニングで快適に勉強できることがわかれば、“第二学習室”としてどんどん活用しよう。

Tips

第三、第四の学習室も常備しておこう！

参考書一冊あれば勉強はどこでもできる。トイレ、風呂、電車の中、ファーストフードの店内……。いつでも気軽にサッと勉強できる第三、第四の学習室を常備しておくことが、勉強の習慣化にもつながっていく。

idea

04

得意な科目からその日の勉強をスタート！

食事のあと片づけ、お風呂の掃除、コンビニまでおつかい。この３つを頼まれたとき、最初に何をする？

掃除が好きな人は先にお風呂の掃除、片づけ物や掃除が嫌いな人なら先にコンビニに行くだろう。

誰でもそうだと思うが、やるべきことがいくつかあるとき、「好きなこと」「簡単なこと」から始めるのが普通だ。

そのほうが気分的にラクで動き出しが早い。

ところが、勉強はその逆という人も多い。「苦手を克服しなければ」という意識が強すぎて、いきなり苦手科目の勉強から始めようとするのだが、これはちょっと力みすぎだ。

それだと机に向かうまで気は重いし、机に向かってもなかなかエンジンがかからない。

うまくいかないときはやり方を変えてみよう。
得意科目や好きな科目の勉強から始めるのだ。
それにより、圧倒的に動き出しが早くなる。さらに、サクサクとこなせるので、スタート早々気分が乗ってくる。
最初に勢いをつけ、集中力が高まった状態で苦手科目に取り組めば、少なくともいきなり苦手科目から始めるのに比べれば格段に効率よく勉強が進む。
「苦手科目をつくるな」とよく教師は言う。だが、入試では合格最低点をクリアすれば受かるのだ。苦手科目があっても、その失点分を得意科目でカバーすればいい。
東大生 120 人のアンケートでは、苦手科目があったと答えた人が 83.2%、苦手科目を克服したかとの問いに「していない」と答えた人が 44.3%だった。(緑鐵受験指導ゼミナール調べ)
「苦手科目は足を引っ張らない程度でしのぎ、得意科目で勝負をかける」。これが賢い受験生の戦術だ。
苦手科目を必要以上に気にすることはない。得意科目、好きな科目から手をつけてみよう。

Tips

前日の復習から入ってウォーミングアップ！

「前日やった範囲の復習」から始めるのもお勧めだ。一度覚えたことをチェックする復習は簡単で時間がかからず、脳をあたためるウォーミングアップに適している。何より記憶の強化に絶大な効果を発揮してくれる。

idea

05

ノルマを持ち帰らない“9時5時勉強法”

「家に帰るとテレビを見たりゲームをしたりで、どうしても勉強に手がつかない。そんな自分が情けない」
そういう人には、“9時5時勉強法”をお勧めする。「取っ掛かりをよくする」どころか、取っ掛かる必要すらない究極の“前倒し勉強”である。
午前9時から午後5時まで、つまり学校にいる間にその日の勉強ノルマをすべて片づけてしまうのだ。
家に帰ってからは、せいぜい不安なところをちょっと復習しておく程度で十分。あとはテレビでもゲームでも、好きなことをしていい。
ただ、これを実行するには、集中力と割り切りが必要だ。
役に立つ授業はしっかり聞くが、“使えない授業”はバッサリ切って内職にあてる。休み時間や放課後は教室や自習室などで黙々と勉強、行き帰りの通学途中も勉強……。

こなしきれなかった課題は、家に持ち帰る“残業”と決めておく。残業したくないから自然に時間の使い方がうまくなるし、効率よく勉強するための工夫もする。

「勉強に手がつかない悩み」を抱えたまま毎日モヤモヤして過ごしてきた人は、一度この“9時5時勉強法”を試してみてほしい。

せめてノルマの半分でも学校で片づけて帰宅すれば、気分的にラクになり、家での勉強にも手がつきやすくなる。

Tips

教師を活用して勉強効率をアップ！

勉強していて何が時間のムダかと言うと、わからない箇所で行き詰まって立ち往生してしまうことだ。“9時5時勉強法”ならそんなとき、教師に質問してその場で解決できる。学校の教師もとことん活用しよう。

STEP
2
ノルマを強く意識する

真夏の暑い日に草むしりを命じられたとする。草むしり大好き人間は別として、なぜこんなかったるいことをしなきゃならないのかと、文句のひとつも言いたくなるだろう。

それでも割り当てられた区画がはっきりしていれば、「仕方がないからやるか」という気にもなる。残り少なくなってくると、「よし、あとちょっとだ！」と俄然やる気になってスパートがかかる。最初はいやいやだった草むしりも、いつしか熱中し、すべての作業が終わったときには「やったー！」とうれしくなる。この達成感がたまらない。

勉強もこれに似ている。ノルマが決まっていれば、とにかく手をつけるしかない。好きだから勉強するというより、ノルマがあるから、ノルマを達成したときの喜びを味わいたいから頑張るようなところがある。それでいいのだ。

勉強に手がつかない、習慣化できない原因のひとつに、ノルマに対する意識の低さがある。
「今日やるべきノルマ」がぼんやりしていると、勉強しようという気にはなかなかなれないものだ。ノルマを達成したときの喜びが小さければ、「明日も頑張ろう」という意欲もしぼみがちになる。
　勉強の原動力となるノルマと達成感。これらを上手に活用して、自分を「机に向かわせる」ノウハウを紹介していこう。

ノルマ消化の達成感を
勉強の原動力にする習慣術

idea 06
「帰ってからやること」を
紙に書くクセをつけよう！

idea 07
「今日やらなくていいこと」を
別の紙に書き出す

idea 08
「終わったら消す」で、
達成感をビジュアル化

idea 09
ノルマ達成のごほうびを
自分で用意しておく

idea 10
予定の消化より
「内容定着率」を重視！

idea

06

「帰ってからやること」を紙に書くクセをつけよう！

私は分厚い手帳を肌身離さず持っている。
「今日は何をする」「いつまでに何をやる」といったことを書き込み、ヒマさえあれば手帳を見てチェックしている。
もちろん、本当に大事なことは書かなくても覚えているし、手帳を見なくても、やるべきことはわかっている。
それでも、あえてメモをして確認するのには理由がある。
「やるべきこと」を紙に書き出し、文字にしたものを見ると頭が整理され、“やらねばならぬ感”がいっそう強くなるからだ。
これはぜひ試してほしい。
学校にいるときでもいいし、家に帰ってからすぐでもいい。
今日の「勉強ノルマ」を紙に書き出すクセをつけるのだ。
頭の中には「勉強ノルマ」のほかにも、雑多な考えやモヤモヤしたものがごちゃ混ぜの状態になっている。
その中から「勉強ノルマ」だけを抜き出す。すると雑念やモヤモヤが後退し、「今日やるべきこと」がグイグイと前に出てくる。
言葉や文字にする効果は絶大だ。
ゴチャゴチャした頭の中が整理され、「やるべきこと」の輪郭がクッキリと浮かび上がる。やりたくなくても「やるべきこと」として刷り込まれ、集中力が高まる。
古代の日本人は、言葉に魂が宿ると信じていた。言葉にしたことが現実になるという「言霊《ことだま》信仰」である。
言葉にしたことは、確かに現実になりやすい。

Tips

勉強日記をつけて「頑張った足跡」を残そう！

その日やった勉強の内容は、箇条書きでいいので手帳に記しておこう。参考書名とページ数、簡単な感想などを書き込んでおくと、あとで手帳を見返したときに「頑張った自分の足跡」が勇気を与えてくれる。

idea

07

「今日やらなくていいこと」を別の紙に書き出す

「やることがたくさんありすぎる」「何から手をつけていいのかわからない」……。そんなときも、頭の中を整理するために、「今日やるべきこと」をに紙に書き出してみよう。

数学の宿題（10題）
英単語暗記（小テスト範囲4ページ）
英語の予習（1ページ分和訳）
生物の予習プリント
漢字ドリル（小テスト範囲2ページ）

こうしてリストアップしてみると、やはり「やるべきこと」が多く、かえって気が重くなるかもしれない。
そこで、このなかから「あえて今日やらなくてもいいこと」を線で消していく。空き時間を使ってできるもの、明日学校でやればいいもの、あまり意味がないもの、など。

かなりスッキリした。これならやれそうだ！

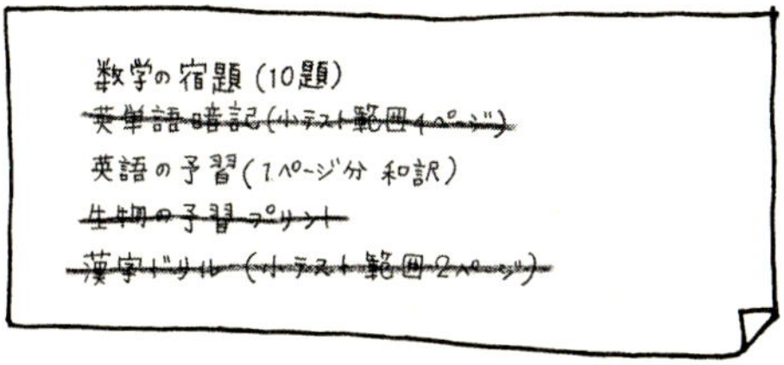

さらに、消した項目については、「いつ、どこでやるか」を別の紙に書き込んで再整理しておく。

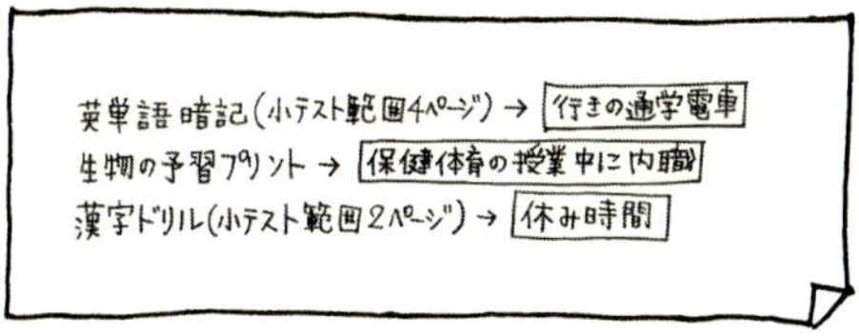

朝起きたら、真っ先にこの紙に目を通す。「今日やらなくていいこと」の先送りは、時間の有効活用にもつながる。

Tips

暗記モノの宿題は、「先送り」で集中力倍増！

小テストで課される英単語や古文単語のような“暗記モノ”は、空き時間に短時間で取り組むのが効率的だ。それも直前のほうが“せっぱ詰まった感”があり、家で机に向かって勉強するよりはるかに集中力が出る。

idea

08

「終わったら消す」で、達成感をビジュアル化

連休が待ち遠しい。ライブが待ち遠しい。その日がくるのを指折り数えてワクワクする。
「あと何日」という具体的な日数がカレンダー上で見えていれば、“ワクワク感”もいっそう高まる。この「見えている」というのが、実は勉強でも重要なポイントになる。
勉強自体は楽しくないとしても、ノルマがひとつずつ減っていくのは文句なく気分がいい。
ただ、そのときの感じ方によって、次のノルマに取り組む意欲や勢いに大きな差が出てくる。
「やれやれ。やっとひとつ終わった」と深いため息をつくか、「ヨッシャ、一丁あがり！」と小さくガッツポーズするか。できれば後者でありたいものだ。

それには、ノルマが減っていく様子を「目に見える」ようにすればいい。それだけで気分が変わるから不思議だ。
どうするか。「今日の勉強ノルマ」を箇条書きした紙をそのまま使う。これも簡単だ。
たとえば英語の予習が終わったら、「英語の予習」と書かれた文字をペンで消していく。できるだけ太いペンやマジックで、キュッと一気に線を引く。これはたまらない。
ノルマがひとつ減るたびに「うしっ！」と自然にガッツポーズが出るほどの快感。「終わり」が見えてくれば、やる気も俄然アップする。
嘘だと思うかもしれないが、ぜひ実際に試してほしい。

Tips

参考書の"もくじ潰し"で達成感を得る

参考書に取り組むときも「達成感のビジュアル化」を活用しよう。ノルマを消化するたびに、「もくじ」に列挙されている項目に線を引いて潰していく。毎日ひとつずつ消える「もくじ」を見れば気分も爽快！

idea
09
ノルマ達成のごほうびを自分で用意しておく

小学生のころを思い出してみよう。
テストでいい点を取って帰ると、親がほめてくれた。時にはごほうびをくれる。それがうれしくて「次も頑張ろう」とやる気が出る。そんな人が多かったはずだ。
最近はどうだろう。「もう子どもじゃないし……」と思うかもしれないが、年齢に関係なくこの手は効果大だ。
「結果に対する報酬」は、単純だがやる気の原動力になる。仕事で結果を出せば年収もボーナスも大幅にアップする「成果主義」も、まさしく「アメとムチ」の活用だ。
スイーツが大好きな人が、「宿題をやり終えたらお気に入りのケーキを食べていいよ」と言われれば、いやでもやる気になる。
もっとも、親が“アメ玉”を用意してくれる歳でもないだろう。

だったら、自分で“ごほうび”を用意して、自分自身と取り決めをする。
「宿題を片づけたら、好きなゲームを30分していい」
「9時までに勉強を終えたらテレビを見ていい」
そんな他愛のないことも、立派な“ごほうび”になる。
ノルマを消化したときの「やった！」という達成感を、より強く味わえるようにする。その演出の小道具としてのごほうびだから、要は「楽しみにできること」ならなんでもいい。
ただ、“自分との約束”を守れなかったときの「ムチ」も同時に用意しておく。
「達成できなかったときは、ごほうびはナシ！」
目の前にぶら下げる「アメ」は、「ムチ」とセットにしないと効果も半減する。
そもそも「自分に甘い」ことを自覚しているから、自分でアメとムチを用意する。私だってそうだ。
「この本を締め切りまでに書き上げたら、極上のワインを1本開ける！」

Tips

楽しみは「あとに取っておく」のがミソ！

「家に帰ったらテレビ、ゲーム。最後に勉強」という生活をしている人は、一度この順番を逆にしてみよう。「面倒なこと」を先に片づけてから「好きなこと」をするほうが圧倒的に楽しいし、勉強習慣も身につきやすい。

idea

10

予定の消化より「内容定着率」を重視！

「今日は何をする、どこまでやる」。厳密に言うと、これはノルマではなく「予定」にすぎない。

私が考える受験勉強のノルマとは、予定だけでなく、「勉強した内容をきちんと残す」ところまでを含む。

「予定を終えた」時点では、ノルマの半分しか達成されていないと考えてほしい。肝心なのは「やったことを残す」ことだ。それができて初めて、ノルマが達成されたことになる。

試しに、昨日勉強した範囲を復習してみてほしい。

数学なら間違えた問題の解き直しをする。英単語なら忘れてしまった単語がないか、「内容定着率」をチェックする。

予定の消化率は高くても、「定着率」は思っている以上に低いことを痛感するだろう。でも、がっかりすることはない。そのことが確認できただけでも大きな収穫だ。
受験勉強では、「速く進む」ことより「一度勉強した内容を確実に残す」ことのほうが圧倒的に重要だ。だからこそしつこく何回も復習して、やったことを確実に定着させる。
翌日の朝、20分でいいから前日の範囲を復習する。土曜日や日曜日には、1週間分の範囲で間違えた問題、不安なところを中心にチェックして“穴”を埋める。
「その日の予定＋前日の復習＋1週間分の復習」までをセットにして、確実に残す勉強を実践しよう。さらに1か月後にも復習する習慣をつけて万全を期す。
その日の予定を消化して喜ぶのは、最初のうちだけにしておこう。
「ちゃんと残せた！」という達成感を得られてこそ、“プロの受験生”だ。日々これを積み重ねていくことで、志望校までの距離は着実に縮まっていく。

Tips

「できない・わからない」をビジュアル化する

「残す勉強」では“自分の穴”をはっきりさせることが大切だ。解けない問題に×印、不安な箇所に△印などを書き込み、復習ではそこを重点的にチェック。“穴”が埋まるたびに○印に換え、達成感を味わおう。

STEP

3

危機感を植えつける

ふだんはほとんど勉強しないのに、定期テストの前だけは頑張って勉強する。そんな人も少なくないだろう。

テスト直前は、それまでの自分からは想像できないくらいの集中力を発揮する。いよいよ間に合わないとなれば、徹夜だっていとわない。人間は、追い込まれると爆発的な力を発揮する。まさに「火事場の馬鹿力」である。

受験勉強は、一年に何回もある学校の定期テストと違って、半年先、一年先、人によってはそれ以上先の「入試本番」を見据え、日々積み上げていく勉強だ。さすがに、毎日「火事場の馬鹿力」は出ない。かと言って「まだまだ時間はたっぷりある」と安心していると、怠け心が首をもたげて「今日は疲れたからやらなくてもいいや」となってしまう。

毎日１時間でも２時間でも勉強するクセをつけるには、「適度な切迫感」や「適度な不安感」があったほうがいい。ただ、そうは言っても、誰かがそれを与えてくれるわけではない。自分で自分に危機感を植えつけるしかないのだ。

もっとも、不安が強くなりすぎると、今度はまた勉強に手がつかなくなったり、集中力を落としたりする。そのあたりのバランスをうまく取る必要がある。ここからは、自分自身を上手に追い込むノウハウを紹介していきたい。

自分自身を上手に追い込む習慣術

idea

11

“できの悪いテスト”を机の前の壁に貼る

定期テストの答案が返却される。思っていたより点数がよかったときはしげしげと眺めて、ひとり悦に入る。点数が悪かったテストは、そそくさと引き出しの奥にしまい込んでこう思う。

「次こそは頑張らなくちゃ」

自分に都合の悪いものや不快なものは、できるだけ目に触れたくないものだ。できれば「なかったこと」にしたい。

その気持ちはよくわかるが、テストを隠しても破いても結果は変わらない。悔しさをバネにして頑張るには、結果から逃げずに向き合うことが必要だ。

テストで悪い点を取ったとき、「次こそは頑張ろう」と決意する。そこまでは立派だ。

しかし、1日経ち2日経つと、悔しさや危機感もしだいに薄れてきて、そのうち「まあいいか」となる。

そんな無益なくり返しはそろそろ断ち切ろう。

「このままではいけない」という危機感を持続させ、やる気につなげていく、簡単だが意外に効果的な方法がある。

できの悪かったテストの答案を机の前の壁に貼りつけておくのだ。早い話が“みせしめ”である。

机の前に座れば、いやでも答案が目に入る。そうすれば「次こそは」の決意がよみがえってくる。「結果と向き合う」ことで、悔しさと危機感を風化させないようにするのだ。

受験勉強とは、こうして日々自分と向き合いながら戦っていくものである。

Tips

「次の課題」も一緒に書き込んで貼っておく

「計算ミスによる自滅を防ぐ」「ノートをきちんと復習する」「勉強時間をもっと確保する」。できの悪かったテストは失敗の原因を分析し、「次回までの課題」を書き出して、答案と一緒に貼りつけておこう。

idea

12

「残された時間」を科目別に分配してみる

「入試までまだ１年半もある。高３になってから追い込めば十分に間に合う。だから今のうちに遊んでおこう！」

感覚的には確かに「もっともだ」と思えてしまう。ただ、この手の感覚ほどアテにならないものはない。

たとえば、高３から本気になって「１日平均６時間」勉強するものとする。高３の４月から翌年１月末までの10か月でどれだけ勉強できるのか。簡単な計算をしてみよう。

１日６時間、１か月180時間、10か月1800時間。私立文系で３教科受験の人は1800÷３＝600で、１教科あたり600時間を使えることになる。

これを「多い」と見るか「少ない」と見るか。

600時間を１日24時間に換算すると、600÷24＝25。

できっこないことだが、不眠不休で勉強したとして１教科あたり「のべ25日」しか残っていない。
25日間で英語をどこまで伸ばせるか。あまり手をつけていない日本史を25日で合格ラインまでもっていけるか？
「まだまだ余裕」と思っていても、実は１教科あたり１か月にも満たない「時間」しか残されていないのだ。
センター試験で５教科７科目、６教科７科目が必要な人はもっと厳しい。「１日６時間、残り10か月」で同様の計算をすると「１科目あたり約11日分」しかない。
しかも、これは純粋にセンター対策につぎ込めるのべ日数で、実際は２次対策や私大対策も並行させなければならない。
「試験はずっと先」「まだ時間はたっぷりある」という安心感から勉強に身が入らない人は、１教科１科目あたりに残された「のべ日数」を割り出してみる。
「うかうかしていられない！」
そう思えればしめたもの。すぐに机に向かおう。

Tips

卓上カレンダーで「残り日数」を視覚化する

書き込み式の卓上カレンダーも活用したい。１週間、１か月の勉強ノルマ、定期テストの日程などを書き込み、１日が終わったら×印をつける。締め切りまでの「残り日数」を視覚化して緊張感を持続させよう。

idea

13

“他流試合”の模試にひとりで乗り込め！

野球に力を入れている高校は、強豪校との交流試合のためにわざわざ県外遠征をする。相撲でも「出稽古《でげいこ》」と言って、ほかの部屋に出向いて強い力士に稽古をつけてもらう。

受験勉強でそれに相当するのが、大手予備校などが実施する「校外模試」である。

強い相手の存在を肌で感じ、「まだまだ甘い」「もっと努力しないと勝てない」と気合いを入れ直すのだ。

模試は、合格の可能性を知るためだけに受けるのではない。

ライバルの存在を確認し、「上には上がいる」ことを実感する。

刺激をもらい、「こうしちゃいられない……」とやる気になるだけでも、高い受験料を払う価値は十分にある。

学校によっては、一括で申し込んで校内で模試を受けさせるところも多い。しかし、いつもと同じ顔ぶれ、いつもと同じ教室で受けても緊張感に欠ける。
模試は学校の成績に関係しないので、適当にダラダラ受ける人も多い。だから緊迫感も何もない。
そんな“ぬるま湯体質”から抜け出すために、「校外模試」にあえてひとりで乗り込もう。できれば予備校の本拠地にある会場での受験を勧める。
こうした予備校会場には強者《つわもの》たちが集まってくる。「もうあとがない」浪人生もいれば、進学校のトップ層の連中もやってくる。
みんな、自分よりはるかに賢そうに見えるかもしれない。
初めて行くとびびるだろう。大いにびびればいい。
これから自分が戦わなければならないライバルたちを、その目にしっかりと焼きつけてこよう。
緊張感みなぎる会場で、自分がどれだけの力を発揮できるか、精一杯試してくる。
受験の厳しさを肌で感じ、「やる気に火をつける」ことさえできれば、「結果はボロボロだった」でもいいのだ。

Tips

模試会場での高揚感を、家に帰ってからも活用する

模試を受け終わると、疲れていても頭は冴えわたり、勉強するには絶好の状態が続く。これを利用しない手はない。その日のうちに解答解説を読んで、間違えた問題をチェックしておこう。吸収力は抜群のはずだ。

idea

14

受かった先輩から アドバイスをもらう

受験勉強を本格的に始めようとすると、わからないことがたくさん出てくる。

「学校の勉強だけを真面目にやっていれば受かるの？」

「今の時期はどのくらい勉強しておけばいいの？」

「予備校に行かなくても大丈夫？」

大学受験がどういうものかピンとこないために、今ひとつやる気が出ない。そんな人もいるだろう。

受験勉強に関連する疑問は、もちろん学校の教師に聞いてもいい。ただ、教師の場合、本音では「学校の勉強だけでは足りない」と思っていても、立場上そうは言いにくい。

聞くなら教師より「受かった先輩」のほうが、具体的で“やる気の出るアドバイス”をもらえる。

志望大学に受かった部活の先輩や、苦労して難関大学に合格した先輩とか親戚のいとこなどがいれば、連絡を取って話を聞かせてもらおう。

推薦やAO入試ではなく、一般入試でそれなりに名の通った大学に受かった人は、受験勉強でもかなりの努力をしてきたはずで、受験の厳しさをよく知っている。

教師や親が言う「受験の厳しさ」にはピンとこなくても、先輩から、たとえば「その勉強量じゃ全然足りないぞ」と言われれば、さすがに焦るだろう。

身近にそういう先輩がいなければ、合格体験記をまとめた本を読んでみるといい。自分と似たような環境から志望大学に受かった人の体験記からは多くのことを学べる。

Tips

大学生活の様子を聞いてワクワクする

受かった先輩からは、サークル活動やコンパ、大学の講義内容など大学生活の様子を聞いておこう。厳しい受験を乗り越えた先に待っている新しい世界、そこにいる自分をイメージして“やる気のモト”にする。

idea

15

志望校の過去問を解き、一度凹《へこ》んで立ち直る

「もし明日が志望校の入試日だったら」と想像してみる。

絶対落ちる。1週間後だったら？　無理。1か月後は？　それでもダメ、無理に決まっている。

「じゃあ、いつだったら受かる？」と自分に問いかけてみる。

わからない。それが正直なところだろう。

しかし、「わからない」では、この先どうやって勉強をしていけばいいかもわからない。そんな中途半端な状態だから、勉強に身が入らないのかもしれない。

では、どうすればいいか。

少なくとも「今、試験を受けたら何点くらい取れるか」を知っておくことだ。

「現時点での得点力」を把握しておけば、志望校の合格最低点

をクリアするために「あと何点必要か」がわかる。
それがわかれば、得点ギャップを埋めるために「いつ、何を、どのように」勉強すればいいかも見えてくる。
そこで、行きたいと思っている大学があるなら、明日と言わず、今日にでもその大学の過去問集（教学社の『大学入試シリーズ』＝通称『赤本』）を買ってこよう。
そして、すぐに１年分の問題を解いてみる。
「あっちゃー、ボロボロだ」という人が多いと思う。自分の実力のなさを知って凹《へこ》む。この際、思いっきり凹んでおこう。そこからどう立ち直るかが大切だ。
「たいして勉強していないのに解けた問題も少しはある。ということは、今日から正しいやり方で勉強すれば、試験日までに合格最低点をクリアできる。いや、してみせる！」
そう考えて立ち直ろう。
今日勉強すれば２点アップ。１か月勉強すれば60点のアップ。合格最低点までの道のりはそれほど遠くない。

Tips

１週間に１回は志望校の赤本をパラパラ見る

赤本には、傾向分析や合格最低点などの入試データや学校紹介、合格者の声など、やる気に結びつく情報がたくさん載っている。１週間に１回、「ダレてきたな」と思ったら赤本を見て、気持ちを引き締めよう。

第2章

「やる気がしない」ときの自己管理術

やらなきゃマズい！
わかっていても、
やる気になれないのは
なぜ？

✷

やる気がないのではなく、
“振り向け方”がへたなだけ

「勉強なんてやりたくない。やる気がしない」と思っていても、定期テスト直前にはそれなりに頑張って勉強する。そういう人は、勉強することの意味や価値をわかっている。ハッキリと意識していなくても、なんとなく理解はできている。

「アホに見られたくない」とか「大学くらい出ていないと恥ずかしい」などの理由で“いやいや勉強する”のでも、勉強が自分にプラスの価値を生み出すことをわかっている証拠だ。

　この本の読者は、多少の温度差はあっても、どこかで勉強を肯定的にとらえている。そうでなければ、今この本を手にしているはずがない。まず、そのことに気づこう。

「いやでもなんでも、勉強しなくちゃならないのはわかっている。だけどなかなかやる気が出ない」。問題はそこだ。

こう考えてほしい。本当にやる気がないのではなく、「やる気を勉強に振り向けるのがへた」なだけだと。

何かに熱中できる人は、
勉強だってバリバリできる！

「やる気」は、人間を根源から動かすエネルギーのようなものだ。根底では、美味しいものを食べたいとか、人に勝ちたいとか、エッチしたいなどの「欲」とつながっている。

楽しいとか、おもしろいと感じることには、いくらでもやる気を出せる。ゲームでもスポーツでもアニメでも、何かに熱中できる人は、勉強にもそのやる気を振り向けることができる。ただ、振り向け方があまりうまくない。それだけの話なのだ。

本当にやる気がない人は、何に対しても興味をもてない。自分の部屋から一歩も外に出ず、一日中ゲームばかりしている若者の「ひきこもり」が問題になっているが、彼らの多くは何事にも関心をもてず、ほかにすることがないから“仕方なく”ゲームをやっているのであり、ある意味では苦痛だろう。

ゲームが大好きで熱中すると止まらない。だけど、心の隅には「こんなことばっかりやってちゃダメだ」と牽制《けんせい》する“もうひとりの自分”がいる。ここが、いわゆる「ひきこもり」と呼ばれる人たちとの大きな違いだ。

勉強よりゲームのほうがおもしろい。だから、ついついゲームにハマってしまう。一旦ハマるとなかなか抜け出せない。それは、やめるきっかけがつかめないだけだ。

たとえば、ゲームに熱中している最中に、突然ゲーム機が壊れたとする。「アッチャー！」だが、心のなかの“もうひとりの自分”はホッとする。「やれやれ、強制終了で踏ん切りがついた。これでやっと勉強ができる」と。

勉強が好きではなくても、手をつけさえすればそれなりに集中できる。内容がわかって問題が解けるようになるのはうれしい。テストでいい点を取って成績が上がればもっとうれしい。それが「やる気のモト」になって、勉強すること自体が苦にならなくなる。むしろ楽しくなる人もいるだろう。

勉強にもゲーム的な要素がある。ゲームに熱中できる人なら、勉強だってやる気になってバリバリできるのだ。

「どんどん問題をクリアしていくのはゲームみたいでおもしろかった」という合格者は実際に多い。受験勉強をゲーム感覚でできるようになれば、もっともっと楽しくなる。

“もうひとりの自分”に自己管理術を授ける

受験勉強は、誰かに強制されてやるものではない。行きたい大学に受かるため、“自分のためにする勉強”だ。しかし、サボろうと思えばいくらでもサボれる。いやになったらいつでも勉強を中断してテレビでもゲームでも好きなことをできる。それに「待った」をかけるのは自分しかいない。

ここで問われているのは、“やる気”があるかないかの問題ではなく、自分で自分の意思や感情をコントロールする“自己管理能力”があるかないかだ。

受験に成功した人は、おしなべて自己管理能力が高い。もともと自己管理能力が高いから成功するというより、受験勉強をすることで自己管理能力が身についてくると言ったほうが正しい。もともと頭がいいから勉強ができるのではなく、勉強をするから頭がよくなっていく。それと同じだ。

この章では、自分をコントロールする役割を担う“もうひとりの自分”に、自己管理のテクニックを授けていきたい。別に難しいことを要求するわけではない。

ちょっとした工夫や心掛けで「やる気を勉強に振り向ける」ことができるし、勉強への集中力を高めることができる。受験勉強のみならず、大学に入ってからの勉強や、卒業してから仕事や研究をするときにも必ず役に立つ自己管理術だ。

STEP

1

誘惑を振り払う

　せっかく勉強をする気になって机に向かったのに、そういうときに限って友人から携帯にメールが届く。返信をすませると今度は彼女からコールがあって、ついつい長話になる。そうこうするうちに、見たいテレビ番組が始まる。テレビが終わると今度は強烈な睡魔に襲われてゴロンと横になる。ちょっとのつもりが、気づいたら朝になっていた……。

　こんな生活を送っていたら、“勉強時間ゼロ”の行進が果てしなく続いてしまう。

「なんとかならないものか」とため息をついても始まらない。そうじゃなくて「なんとかする」。それが自己管理だ。

　解決法はいたって簡単だ。勉強の邪魔になりそうなものを、あらかじめシャットアウトしてから机に向かう。その日の勉強ノルマを消化したあとは、テレビを見ようがマンガを読もうが何をしてもいい。それこそ“勉強のごほうび”である。

まずは、「勉強の邪魔をするもの」をリストアップしてみよう。ゲーム、テレビ、メール、マンガ……。さらに「ついフラッと負けてしまう誘惑」を書き出してみる。彼女や彼氏との長電話、睡魔、友人からの遊びの誘い……。

これらをひとつずつ検証し、「勉強に手がつく生活スタイル」を確立する。そんな自己管理術のヒントを紹介しよう。

邪魔者をシャットアウトする 単純明快な自己管理術

idea 16

携帯の電源オフを合図に 勉強をスタート！

idea 17

自室のパソコンやゲーム機を リビングに強制撤去！

idea 18

見たいテレビ番組は、 録画して“早朝鑑賞”

idea 19

「30分仮眠＋シャワー」で 迫りくる睡魔を撃退！

idea 20

彼女、彼氏とは “シンデレラコール”の取り決めを

idea

16

携帯の電源オフを合図に勉強をスタート!

友人から携帯にメールが入ったとき、何分以内に返信するのが「マナー」だと考えるか。
中高生を対象としたある調査で、「即答」が38%、「5分以内」が17%で、両者合わせて半数を超えていることがわかった。
返信しないならともかく、返信が遅れたら「マナー違反」というのは私には理解しかねるが、今の若者たちはそれだけ「携帯でつながる安心感」を求めているのだろう。
一方で、「携帯に振りまわされていると思う」ことが「ある」と答えた中高生は59%にも達している。
携帯メールにしてもパソコンメールにしても、そもそもは緊急連絡用ではない。本当に急を要することは、直接電話で話をするのが普通であり常識だ。

「マナー」の基本は、周囲に迷惑を掛けないように気を配る“思いやりの心”である。友人が勉強中であることを知っていれば、その時間帯には連絡しないのがマナーだ。

返信が１時間か２時間遅れただけで、人間関係にヒビが入るような相手は仲間でも友人でもない。

親しい友人には、勉強する時間帯と、その間は携帯の電源をオフにしていることを、あらかじめ伝えておくのはどうだろう。

また、友人がいつ勉強しているのかを聞いておき、その時間帯にはメールや携帯電話をしないようにする。

そういうことが自然にできるのが思いやりであり、本当の意味でのマナーだ。

頑張って勉強していることを隠すことはない。

「ガリ勉はカッコ悪い」とか「勉強なんてくだらない」という価値観をもつ連中には、好きなことを言わせておけばいい。

つまらない雑音をシャットアウトするためにも、携帯の電源はオフ！　それが勉強スタートの合図となる。

Tips

“応援メール”の交換でお互いに励まし合う

一緒に受験を目指す勉強仲間には、「たいへんだけど頑張ろうな」とか「終わったら旅行に行こう！」など、短い励ましのメールをときどき入れよう。「一緒に頑張っている」連帯感が、お互いのやる気をさらにアップさせる。

idea

17

自室のパソコンやゲーム機をリビングに強制撤去！

「自分の部屋でひとりでいるほうが気楽」

最近は、リアルな人間関係をわずらわしく感じ、自室でネットや携帯で仲間とつながっているほうが気楽で安心、という若者が増えているようだ。

部屋にはミニコンポがありパソコンがあり、なかには電子レンジや冷蔵庫まで備えていたりする。

自室は自分だけの“自由空間”、誰にも邪魔されずに好きなことができる。

反面、「自由」や「快適」に慣れ切ってしまうと、“不自由さ”に耐える力が弱まる危険がある。

「我慢する力」が衰えて、おっくうなことや面倒なことをするのがものすごくストレスに感じる。

たとえば、キミの部屋は足の踏み場がないくらい散らかってはいないか？　それを母親が掃除してはいないか？

「部屋を掃除する」という“面倒な作業”に耐える力がないから、部屋はどんどん汚れていく。

勉強もそれに近いところがある。10分程度勉強したら、もうゲームを始めている。5分勉強したと思ったら、ベッドでマンガを読んでいる……。

自己管理とは、「自由を制限する」ことでもある。

実験だと思ってやってみてほしい。親の了解を得て、部屋にあるパソコンやゲーム機など、勉強の邪魔になりそうなものをすべてリビングに“強制撤去”するのだ。

パソコン禁止、ゲーム禁止ではない。パソコンやゲームはリビングでやると決める。リビングだと親の目もあるので、さすがにダラダラと長時間はできない。

“自由すぎる勉強部屋”を不自由にすることで、勉強と遊びのメリハリがつくだけでなく、「我慢する力」も養える。

Tips

「つまらなさ」に耐えるトレーニング

受験勉強は、いくらつまらなくても志望校に受かるためにやらなければならない。風呂の掃除や家事の手伝いなどを積極的にやるのも、「つまらなさ」に耐える練習になり、勉強の習慣化にも生かせるだろう。

idea 18

見たいテレビ番組は、録画して“早朝鑑賞”

「あれをやってはダメ、これをしてはダメ」
禁止事項をつくりすぎるのも、ストレスをため、集中力を落とす原因となる。
受験勉強は“修行”ではない。適度な気分転換や息抜きは当然必要だ。もちろん、テレビだって見てもいい。
ただ、テレビのよくないところは、放映時間が決まっていることと、局が力を入れる人気番組を「ゴールデンタイム」と呼ばれる午後7時～10時の間に集中させていることだ。
ゴールデンタイムは、家での勉強時間帯と重なる。この時間帯に勉強しておかないと、深夜近くから勉強することになって睡眠時間が削られ、生活リズムが乱れてしまう。
テレビが好きな人にとって、これほど勉強の邪魔になるものはない。もちろん見てもいいのだが、リアルタイムで見る必要はない。

録画すればいいのだ。見たい番組はなんでもかんでも録画してしまう。その日録画した番組をどうしても見たければ、翌朝早く起きて見ると決める。

コマーシャルを飛ばせば見る時間も少なくてすむ。つまらなかったら、早送りしてスキップすることもできる。

リアルタイムで見たら一週間で通算６時間かかるところを、４時間程度で見終わることもできるだろう。

テレビは“時間食い虫”だが、録画は“時間節約虫”だ。

Tips

ニュース番組で「現実の厳しさ」を知る

新聞を読む習慣のない人は、せめてテレビの報道番組を見てほしい。「派遣切り」の問題、雇用不安、就職難などは他人事ではない。真面目な話、今頑張って勉強しておかないと、本当に悲惨な人生を送るハメになる。

idea

19

「30分仮眠＋シャワー」で迫りくる睡魔を撃退！

人によって多少の違いはあるにしても、眠くなる時間帯はだいたい決まっている。

定期テストがすべて終わった次の日は一日中眠い。ご飯を食べて満腹になると、突然睡魔が襲ってくる。

これは、人間の生理現象だから仕方がない。

緊張が解けたあとや満腹のときは副交感神経が優位になり、血圧や心拍数が下がって精神的にリラックスした状態になる。自然に眠くなるのはそのためだ。

睡魔と戦いながらの勉強ほど、効率の悪いものはない。集中力は落ち、参考書の解説を読んでも全然頭に入らない。

生理現象には逆らわない。これも自己管理である。

いよいよ眠くなってきて、もう目を開けていられない。そうなったら、勉強の途中でも一旦中止して仮眠を取ろう。勧めたいのは30分程度の仮眠だ。
1時間も2時間も寝てしまうと、今度は夜眠れなくなって生活リズムが崩れる。
私も、疲れて帰ってきたときは、30分程度の仮眠を取ることにしている。もう十数年もの習慣だ。身体の疲れは完全には取れないにしても、それだけで頭はスッキリする。
仮眠するときは、目覚ましや携帯のアラームを30分後にセットする。
アラームの音で起こされたとき、まだまだ眠くてシャキッとしない。ここで気を許すともう朝まで起きられなくなる。
そんなときは、すかさずシャワーを浴びる。シャワーが皮膚に与える刺激は交感神経を刺激する。熱めの温度のほうが効果的だ。
シャワーで眠気を吹き飛ばしたら、すかさず机に向かう。
これで、少なくともあと3時間はもつだろう。

Tips

コーヒーを飲んでから仮眠すると、目覚めがいい

コーヒーに含まれるカフェインの覚醒作用は、摂取後40分くらいに効き始めると言われる。目覚めが悪い人は、コーヒーを飲んで「30分仮眠」に入る。ちょうど起きたころに覚醒効果が現れるので、目覚めもスッキリ。

idea

20

彼女、彼氏とは“シンデレラコール”の取り決めを

彼女や彼氏から携帯がかかってくると、ついつい長話をしてしまう。これが毎日のこととなると、さすがに勉強に支障をきたす。1日1時間として、1週間ではのべ7時間。
それだったら、週末に“半日デート”を思いっきり楽しむことにして、ふだんの電話は週1か週2、通話時間も15分までと制限する“恋愛協定”を取り交わしたほうがいい。
相手も受験生ならなおさらだ。
声を聞かずにいられないのは不安だからである。電話を切ったとたんに不安になるようでは精神衛生上よくないし、それでは勉強に身が入るはずがない。
「電話をするな」とは言わないが、毎日する必要はあるだろうか？

週末デートがままならないなら、せめて勉強の邪魔にならない時間帯に電話をする約束を取り交わしておこう。
お互いに一日の勉強ノルマを消化し、あとは明日の支度をして寝るだけ。時計が深夜0時を指したらコールする。
「今日もちゃんと勉強できた？」
「ああ、そっちはどう？」
「バッチリ。明日も頑張ろうね」
毎日のことならこの程度の会話で十分だ。もう眠いし、あとは寝るだけだから、電話を切っても不安にならない。明日の学校のこともあるので、長電話にもならない。
午前0時になったら“シンデレラコール”。
それまでに勉強を終わらせる取り決めをしておけば、お互いのやる気アップにもつながる。

Tips

勉強ノルマを消化できないときの“罰則規定”

“シンデレラコール”は「アメとムチ」の「ムチ」にも使える。勉強したかどうかを電話で正直に自己申告する。どちらか一方がサボった場合、翌日のコールはなし。そう約束しておけばいやでも頑張る。

STEP 2

集中力を切らさない

「昨日は２時間かけて３ページしかできなかった」「今日は同じ参考書を１時間で４ページも進められた」……

人間だから、日によって好不調の波があるのは仕方がない。ただ、「調子がいい日はせいぜい週に１日」というのでは、あまりにも“打率”が悪すぎる。

大リーグで活躍するイチロー選手は、好不調の波が非常に少ない。打席に立つと驚異的な集中力を発揮する。彼を天才と言う人は多いが、実は隠れたところで人の二倍、三倍もの努力をしてきた。どんなに疲れていても試合後の筋トレを欠かさない。休むときは思いっきり休む。すべては、試合で最高のパフォーマンスを“魅せる”ためだ。

イチロー選手は毎晩の過酷な筋トレについて、「日課だからやる。ただそれだけ」と言う。「日課だから勉強する。ただそれだけ」。カッコいい。イチローになりきって、そうつぶやいてみよう。それだけでやれそうな気がしてくる。

机に向かったら、最高のパフォーマンスを発揮する。余計なことは考えず、ひたすら勉強に集中する。調子が悪い日でも集中力を切らさず、それなりの結果を残すのがプロだ。

では、「集中力を切らさない」ための自己管理術を伝授しよう。“プロの受験生”なら誰でもやっていることだ。

集中力を持続・アップさせる自己管理術

idea 21
勉強道具一式すべてそろえて机に向かう

idea 22
乗れそうなときは時計を見えない位置に

idea 23
“限界集中時間”に合わせてアラームをセット

idea 24
夕飯は腹八分、足りなければ夜食で

idea 25
読む・書くだけでなく、「声に出す」も導入

idea

21

勉強道具一式すべてそろえて机に向かう

私の仕事部屋の机の上には本や資料が山のように積まれ、床は足の踏み場もないほどダンボールが並んでいる。
初めて訪ねてきた人に、「よくこんなところで仕事ができますね」と驚かれることがある。
しかし、私にとってこれ以上仕事のしやすい部屋はない。
ダンボールには、今進めている仕事や研究に関する本や資料一式をまとめて放り込んでおく。仕事をするときは、必要なダンボールをもってきてパソコンに向かう。
これが便利なのは、余計なことで時間をロスすることなく仕事に集中できる点だ。
仕事も勉強も同じだと思うが、途中で捜し物をして時間をロスするのは本当にイラッとする。

「参考書が見つからない」「電子辞書が見当たらない」「どこかにプリントがあったはず」……

せっかく乗ってきたところで捜し物。集中力がいっぺんに削《そ》がれる。へたをすると、20分も30分も捜し物をするハメに。

これでは“プロの受験生”失格だ。

教科書や辞書、プリント類などその科目の勉強に必要な道具一式を、手の届く範囲に置いてから机に向かう。これなら捜し物などで集中力を切らすことはない。

よく、教科書は教科書、参考書は参考書でまとめて本棚に並べている人がいる。見た目はきれいだが実用的ではない。

科目ごとに必要な勉強道具をひとかたまりにしておき、勉強するときは一式を机の上に持ってくる。

勉強が終わったら、その一式をまとめて100円ショップで売っている書類ボックスやダンボールなどに放り込んでおく。

見た目のよさを追求する整理整頓は時間のムダ。

雑然としていても、勉強に集中できればそれでいいのだ。

Tips

イスを買い換えるなら、ちょっと高価なオフィス専用を

イスが自分の体に合わないと、疲れやすく集中力も落ちる。10分座って腰や背骨に圧迫感を覚えるようなら買い換えたほうがいい。最近のオフィス専用のイスは人間工学的によくできている。ちょっと高いが親に相談してみよう。

idea
22

乗れそうなときは時計を見えない位置に

隣の人の貧乏ゆすりが気になる。うしろの人の鼻をすする音にイラつく。時間が気になって時計をチラチラ見る。
試験を受けていて周囲の音や時間が気になるのは、テストに集中できていない証拠だ。
勉強に集中しているときは、周囲の音や時間のことなどまったく気にならなくなる。「気づいたら2時間経ち、午前0時をまわっていた」。できればそこまで集中したいものだ。
ただ、家で勉強していると、どうしても時間が気になる。
「これから10時まで」と決めて勉強をスタートする。最初は気が散っていたが、ようやく集中して乗ってきた。ふと時計を見ると9時55分。これは非常にもったいない。
勉強に集中できているときはそのまま突っ走る。“時間無制限”

で行けるところまで行く。ふだんの2倍、3倍もの効率で一気に進めて“貯金”をつくっておくのだ。
邪魔なのは時計だ。集中しているときは時間など気にならないが、ふと時計を見てしまうと「あ、見たいテレビが始まる」など、雑念が入り込んで集中力が途切れてしまう。
そこで、「今日は乗れそうだ」とか「ぼちぼち乗ってきたかな」と思ったら、時計を見えない位置に移動させる。
「集中できないから時間が気になる」
でも、時計が見えなければ、逆に「時間を気にしなくてすみ、勉強に集中できる」。
「逆が真」かどうか、実際に試してみよう。

Tips

「何時間やるか」より「何ページやるか」の発想を！

「今日は英語を1時間勉強する」。そう決めて勉強を始める人が多い。だが、「今日は何ページまでやる」というように、時間ではなく「量」でノルマを決めるほうが、より集中力を発揮しやすい状態で勉強できる。

idea

23

“限界集中時間”に合わせてアラームをセット

飽きっぽいのか落ち着きがないのか、私はひとつのことに長時間集中できるタイプではない。
仕事のスタイルも、集中力が続かなくなったら中断して別の仕事に移るというように、常に３つか４つの仕事を同時並行で進めている。
仕事の進め方も勉強のやり方も、人それぞれ、自分に一番合ったスタイルがある。
自分に合う勉強スタイルを確立するには、「どのくらい集中力を持続できるか」を知っておくことが重要だ。これを「限界集中時間」と呼ぶことにする。
私の限界集中時間はせいぜい80分、調子がよくて100 分だ。
受験生のころからほとんど変わっていない。

キミたちも、まずは自分の限界集中時間を計ってみよう。
受験勉強の“初心者”は、最初のうち30～40分程度かもしれない。それでもいいので、その時間内にガッと集中し、一旦気分転換をしてから次の勉強に取り組む。
「時計を気にしながらの勉強」は集中力を落とす。そこで、自分の限界時間に合わせて目覚ましアラームをセットしておくのがうまいやり方だ。
たとえば限界集中時間が40分なら、40分後にアラームをセットし、時計は自分の位置から見えないところに隠す。とにかく、勉強だけに集中できる環境をつくる。
アラームが鳴ったら“第一ラウンド”は終了。思いのほか調子がいいときは無視して勉強を続けてもいいが、だいたいは「ちょうどいいころ合いに」にアラームが鳴る。
気分転換をして疲れを取ったら、同様にアラームをセットして“第二ラウンド”に突入。限界集中時間を1コマとする勉強スタイルの確立が、勉強の習慣化に威力を発揮する。

Tips

“限界集中時間”を90分まで伸ばすことを目標に！

限界集中時間は、努力と慣れによって伸ばすことができる。入試の制限時間は1科目60～120分だが、とりあえず「1コマ90分」を単位とする勉強スタイルを確立できるように頑張ってほしい。

idea

24

夕飯は腹八分、足りなければ夜食で

通学に時間がかかる人や遅くまで部活をやっている人は、夕食前に勉強する時間がなかなか取れない。
三度の食事と十分な睡眠。安定した生活リズムを維持するには欠かせない要素だが、夕食後に勉強の予定を入れている人は、ちょっと気をつけたほうがいい。
夕食をお腹一杯食べたあとは眠くなるからだ。
勉強タイムをうしろにずらせればいいが、睡眠時間を確保するためにどうしても夕食後に勉強したい人は、満腹になるまで食べず、腹八分程度にとどめる。
いつもはご飯のお代わりを茶碗にいっぱいよそうところを、ちょっと我慢して半量にする。ゆっくり何回も噛めば、少なめの量でもそれなりに満足感を得られる。

「もう少し食べたいな」くらいの状態で机に向かい、勉強が一段落したら夜食で足りない分をカバーする。
ただし、カップラーメンばかりでは栄養のバランスが悪い。夜食用に夕飯をちょっと残しておく、親に頼んで栄養バランスのいい夜食を用意してもらう、などの工夫をしよう。
ダイエットが目的ではないので、無理をすることはない。お腹いっぱいになる夕飯の量を８対２くらいの比率に分け、夕飯で８、夜食で２食べるくらいの感覚でいい。

Tips

夜食で脳に糖分を送って、もうひと頑張り！

勉強の合間の夜食には消化しやすいデンプン質のものがいい。お茶漬け、うどんなどの汁物やバナナなどは夜食向きだ。デンプン質は糖に分解されて脳に送られるので、頭がシャキッとする効果もある。

idea

25

読む・書くだけでなく、「声に出す」も導入

カラオケで歌うとストレスが吹き飛ぶ。風呂に入ると、自然にお気に入りの歌を歌っている。

歌っているときには余計なことを考えていない。声に出して何かを読んでいるときも同じだ。余計な雑念が入らない。

試しに、この本のどのページでもいいので、背筋を伸ばして２～３分音読してみてほしい。

どうだろう。音読しているときに彼女や彼氏のこと、成績のこと、不安なことなどが浮かんできただろうか。

音読に集中すると、余計なことは考えられなくなる。意識が「音」に集中するからだろう。

雑念が浮かんできてなかなか勉強に集中できないときは、この音読を活用したい。

教科書の記述でも参考書の解説でも、今勉強しているところを声に出して読んでみるのだ。もちろん、書かれていることの意味を理解しながら読む。

余計な雑念は消える。

ふだんの勉強では、めったに音読をしない人が多いようだ。教科書や参考書の黙読とノートの筆記、たいがいはこのふたつで事足りてしまう。

しかし、ここに音読を加えると勉強にメリハリがつき、集中力を高める効果を期待できる。

受験生のころの私も、部屋のなかを歩きまわりながら英単語を声に出して覚えたり、テスト範囲の教科書を音読したりしていた。確かにそのほうが集中して暗記できた。

音読をすると、思考や感情の制御を司る「前頭前野《ぜんとうぜんや》」という脳の部位が活性化することが、脳科学の研究で実証されている。そのことにも関係していそうだ。

集中できないときの音読。ぜひ実践してほしい。

Tips

英語や古文、漢文は、音読による学習効果が高い

音読を習慣化したいのは、英語や古文、漢文などだ。これは集中力を高めるためだけではない。音読によって「慣れ」ができ、独特の抑揚やリズムが「音の記憶」として定着する。「習うより慣れろ」の典型だ。

STEP

3

無理をしない、完璧を求めない

「難問を捨て、確実に得点できそうな問題から解け」。これは入試本番でもっとも重要な戦術だ。

大学入試で満点を取る必要はない。東大でも、たとえば理科Ⅰ類ならセンター試験で85%取れていれば、2次試験では440点中230点、得点率にして約52%で合格できる。

「満点を狙う勉強法」は非常に効率が悪い。わからない箇所を完璧に理解しようとすると、大学レベルの内容まで踏み込まなければならないこともある。苦手科目を完璧な得意科目にするには、とんでもなく時間がかかる。ほかの科目に手がまわらなくなり、合格点にすら届かず落ちたりする。

“満点主義”はメンタルヘルス（心の健康）にもよくない。常に息詰まるような緊張とストレスにさらされ、試験を受ける前に神経がすり減ってしまう。

発想を変えよう。6割、7割の得点でも受かればいい。この

「合格点主義」が勉強を効率的に進める推進力となる。心に余裕があるから自分を客観的に見られる。無理をせずに、「できること」「できそうなこと」だけに専念できるから集中力も高まる。まさにいいことづくめ。

気持ちのゆとりを生み出して、やる気と集中力を高める。そんなノウハウもぜひ身につけておいてほしい。

心の余裕をつくって 勉強に集中する自己管理術

idea 26

月に１日は“完全オフ”。思いっきり遊ぶ！

idea 27

「やれそうな量」の７～８割を目標ノルマに

idea 28

理解できない箇所はパス。人に聞いて解決する

idea 29

どうしても苦手な科目は、潔く捨てる決断も

idea 30

本当に調子が悪ければ、さっさと寝る！

idea

26

月に1日は“完全オフ”。思いっきり遊ぶ！

勉強の合間の気分転換。これがなければ心身ともに疲れて集中力も出ない。

勉強するときは集中し、遊ぶときは思いっきり遊ぶ。このメリハリが受験勉強には欠かせない。

疲れやストレスがたまると、確実に集中力が落ちる。だから休んでリフレッシュすることが必要なのだ。

受験が近くなってきて、成績がなかなか伸びないとなると焦ってくる。気持ちに余裕がなくなると、正常な思考や判断ができなくなる。

「睡眠時間を削って頑張る」とか「休日返上で勉強する」などと、できっこない目標を掲げたりするのが典型だ。

そこで、これは勉強習慣が身についてからの話になるが、月に

１日は“完全オフ”の日を予定しておく。その日は思いっきり遊び、ストレスを一気に発散させる。
学校があるときは、祝日か土日を完全オフの日にすることになるが、夏休みなどの長期休暇も同様だ。
ポイントは、月初めにあらかじめ完全オフの日を決めておくことだ。決まったら、卓上カレンダーに赤ペンで目立つように「完全オフの日」と書いておく。
言うまでもない。完全オフの日を「アメとムチ」の「アメ」として使うのである。
「この日のために頑張る」という気持ちで毎日の勉強に取り組めば、おのずとやる気にもなるし集中力も出る。
「勉強はきついけど、あと何日我慢すれば解放される！」と自分を叱咤《しった》激励《げきれい》しながら耐える。
勉強の合間には、完全オフの日に何をして遊ぼうかと、いろいろ楽しい想像をふくらませる。それで「アメ」がいっそう“美味しそうに”見えてくる。さらにやる気になればそれに越したことはない。

Tips

“完全オフ”の日の夜は、復習で寂しさをまぎらわす

日曜日の夜は妙に寂しい。「明日からまた日常が始まる」ことを考えて憂鬱になる。“完全オフ”の日の夜も寂しくなるだろうが、簡単にできる復習をしてまぎらわそう。日常に復帰するためのセレモニーだ。

idea

27

「やれそうな量」の7～8割を目標ノルマに

計画通りにノルマを消化できない。

週の後半になると急に失速する。

挫折しては計画を立て直すのくり返し。

多分経験があることだと思うが、いずれも最初に計画を立てる段階であやまちを犯している。

何がいけないのかと言えば、“欲張りすぎの計画”を立てているからだ。失敗から学ぼう。

勉強の計画を立てるとき、「やりたいこと」をすべて計画のなかに押し込めたくなる。

意気込みが強すぎるからか、実際にできそうにないことでも、頑張ればできるような気がしてしまう。この時点ですでにボタンを掛け間違えている。

「できそうなこと」と「実際に実行可能なこと」には隔たりがある。その隔たりを見積もることなく、また同じような計画を立てるから失敗する。
当初の計画に対して、実際に消化できた分量がどのくらいか、一度割り出してみよう。
７～８割ほど達成できていれば立派なほうだ。５割も達成できていない、という人もいるだろう。
そこで、計画を立てるときは「これならできそう」と思った分量の７～８割を目安にノルマを決める。
多すぎず少なすぎず、「ちょっと頑張れば達成できそう」な現実的な目標設定が、やる気と集中力を引き出す。

Tips

「予備」と「復習」もあらかじめ計画に盛り込む

“和田式”では、月から金までの５日間を「進む勉強」、土曜日はやり残したノルマを消化する“予備日”、日曜日を“週間復習日”とする。「予備」や「復習」を組み込むことで、より実行力のある計画になる。

idea 28

理解できない箇所はパス。人に聞いて解決する

調子よく勉強していて、突然ハタと行き詰まる。
問題の意味を理解できない。なぜこの答えになるのかわからない。解説を読んでもチンプンカンプン……。
こういうとき、キミだったらどうするか。

1. わかるまで考え、きちんと理解してから先に進む。
2. とりあえず飛ばして、先に進んでしまう。

真面目で几帳面な性格の人は、1を選ぶだろう。
確かに、疑問点を解決してから先に進んだほうがいいのは明らかだ。しかし、考えれば必ず理解できる保証はない。むしろ、時間を浪費して終わるケースのほうが多いかもしれない。
問題が解けずにウンウンうなっているとき、本人は「集中して考えている」ような気分でいる。

「いかにも勉強している」ような感じがするだろう。

しかし、この状態にある脳は、あまり活発に活動していないことが脳科学の研究で明らかにされている。

いい加減と思われるかもしれないが、理解できないところはパスして先に進むのが、実は賢いやり方である。

ただ、パスした箇所を放っておくのもよくない。そこが“穴”として残り、いずれ行き詰まることが多いからだ。

「とりあえず」飛ばすが、放置するわけではない。

自分の頭で理解できそうにないことは、人の頭を借りて解決する。飛ばした箇所は、翌日教師に質問しよう。これが一番てっとり早く確実な方法だ。

受験勉強では、「なんでも自分の力で解決しようとする真面目さ」が、アダになることがよくある。

「完璧な自分」は求めない。

自分の限界を知り「上手に人に頼る」賢さを身につける。受験勉強だけでなく、仕事でも必要な「能力」のひとつだ。

Tips

理解できなくても、５分間は集中して考えてみる

理解できない箇所を飛ばすと言っても、一応自分で考える努力はしてほしい。きちんと読めばわかることもあるだろう。目安として５分間集中して考えたり調べたりしても理解できないとき、「パス」の指令を出す。

idea

29

どうしても苦手な科目は、潔く捨てる決断も

苦手科目の勉強はしんどい。

勉強してもなかなか伸びないから「苦手」なのだ。

得意科目のようにスイスイ進まないし、行き詰まって立ち往生することもしょっちゅうあるだろう。

苦手科目を前にして、やる気が萎《なえ》えてくるのもわかる。

そんなときは、一度立ち止まって考えてみよう。

「そこまで苦手科目にこだわる必要があるのか？」

「得意科目をもっと伸ばすほうがいいのではないか？」

「苦手科目で仮に３割しか取れなくても、トータルで合格最低点をクリアできないだろうか？」

そう、これが「合格点主義」の発想だ。

入試まであまり時間がない。苦手科目がどうしても伸びずに苦

戦している。そうなったら、苦手科目を潔く捨てる決断も必要だ。
苦手科目を捨てることで余った時間は、得意科目や「まだあまり手をつけていない科目」にグイグイつぎ込む。
これから入試までの間、「まだ伸びる余地の大きい科目」に優先的に時間を配分するのだ。
ただ、捨てるには勇気もいる。
学校でも予備校でも「全科目頑張れ」「苦手科目をなくせ」という“満点主義”の指導をしているからだ。
すでに十分の実力があり、時間を持てあましている優等生なら“満点主義”でもなんでも好きにすればいい。
しかし、時間不足、実力不足の状態で志望校に立ち向かおうとしている人がマネをしてもうまくいくはずがない。
実力不足は戦略や戦術で補う。
それで受かる道を開くことができるのが受験勉強の醍醐味《だいごみ》だ。
キミはキミなりの戦術で受かればいい。

Tips

数学を“見切る”タイミングは、「早すぎ遅すぎず」

数学は時間がかかるが、勉強すれば一定レベルまでは伸ばせる。高2のうちから捨てるのは得策ではない。目安としては、高3の4月あたりが「早すぎず遅すぎず」の“見切りタイミング”であることを覚えておこう。

idea 30

本当に調子が悪ければ、さっさと寝る！

“頑張りすぎ” は健康によくない。

「今のところその心配は全然ない」と笑っている人も、身体の変調のサインを見逃してしまうことがある。

眠くて眠くて仕方がない。「30分仮眠＋シャワー」でもシャキッとしない。得意科目の勉強にも集中できない。

熱があるわけでもないし、調子が悪いところがあるわけでもない。それでも、いつもとは明らかに感じが違う。

そんなときは心身の疲労が限界に近づいていて、「これ以上頑張ったら壊れる」とSOSのサインを送っているのだ。

このサインに気づかずに無理をすると、本当に心や身体をおかしくしてしまう。

そのあたり、部活でハードな練習を毎日課されている人は注意しよう。
体育祭や文化祭などの準備で張り切っている人も、“頑張りすぎ”による身体の変調を見逃しやすい。
心と身体のバランスが崩れるとき、変調を表わすサインが出やすい。心では「まだ頑張れる」が、身体は「もう限界」。
身体の言うことを信じよう。ふだんできることができないのは、明らかになんらかの異変を知らせるSOSだ。
グズグズせずにさっさと寝る。キミたちの若さなら、栄養をつけてたっぷり眠れば1日で回復する。

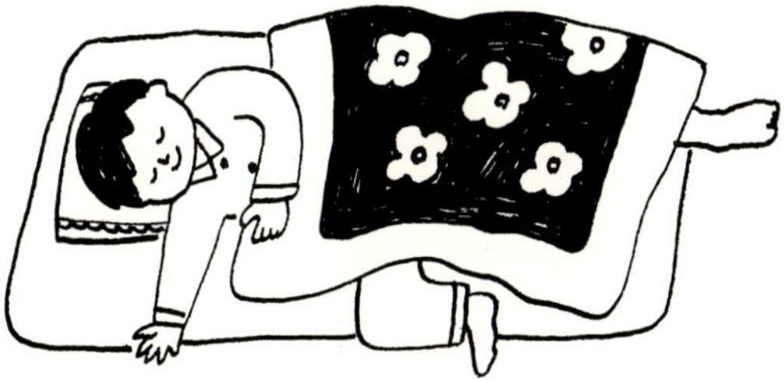

Tips

スランプのときは復習中心の“簡単な勉強”を！

スランプのときも「無理をしない」が鉄則。意欲が減退して自信をなくしているときは、復習などの“簡単な勉強”に切り換える。「できる」ことを確認して自信を回復、スランプから抜け出すきっかけにもなる。

第3章

「これならやれそう」と思わせる心理術

「うまくやれそう」という感覚がやる気を生み出し、自分を変える！

✶

「自分にもできそう」と思えるからやる気になれる

キミは数学が苦手だったとしよう。定期テストでは毎回30点前後しか取れない。テストまであと２週間。「次もまたダメだろうな」というあきらめが先に立って、勉強しようという気になれない。そんなとき、親からこんな提案があった。

「次に満点を取ったら夏休みに家族でハワイ旅行。それとも、45点取れたら高級焼肉屋で食べ放題。どっちがいい？」

さて、どちらを選ぶだろうか。

「あと２週間で100点を取るなんて絶対に無理。でもプラス15点だったらなんとかやれそう」。そう思うだろう。「ハワイにはいつか行ってみたいけど、今はテストが終わったら美味しい焼肉を食べまくりたい気分」。こうも思うだろう。

「だったら、『45点で焼肉』に一票！　よし、頑張るぞ！」

ここから、「人がやる気になるとき」の心理メカニズムが見えてくる。心理学の領域に「人が何によって動機づけられ、やる気が高まるのか」を研究する「動機づけ理論」がある。

この理論で重視されているのが「希望」だ。希望があるからやる気になれる。「自分にもやれそう」という希望が見えているから頑張れる。これを“希望の法則”と呼びたい。

現実味のある
“小さな希望”を大切に

最近はハワイ旅行も珍しくはなくなった。お金持ちの親ならそのくらいのことは言うだろう。しかし、どうにも現実味に欠ける。行ったことがないならなおさらだ。親も満点なんて取れないと思っているから、安心して大きく出たんじゃないか？

それより、最近、美味しい焼肉を食べてない。去年連れて行ってもらった焼肉屋は最高に美味しかったな。あ、思い出したらおなかが減ってきちゃった……。

現実味のない“巨大なアメ玉”をぶら下げられても、特段欲しいとは思わない。だからやる気につながらない。だが、“お手ごろサイズのアメ玉”なら現実味があるので頑張ってゲットしようという気になる。これもまた“希望の法則”だ。

絵空事の夢や目標を掲げる前に、身近で現実味を感じられる小さな希望を大切にしよう。毎日100円ずつ貯金していけば、1年で3万6500円、3年間続ければ10万円を超える。小さな希望でも、それを叶え続けていけば、やがて大きな夢や目標にたどりつく。まさに「継続は力なり」だ。

行動を変えることで、「物の見方」を変える

学校で一番恐い進路指導の教師に呼び出された。「何か悪いことをしたかな？」。首をひねる。「思い出した。前回の模試の点数が悪かったからだ」。胸がドキドキしてくる。「あ、そういえば、志望校の欄にふざけて『東京大学』って書いちゃった。そのことでネチネチ責められるんだ。絶対そうだ。そうに決まってる」。胸が本当に痛くなってきた……。

物事を悲観的にしか見られず、なんでも悪いほうへ考えていると、そのうち「別の可能性」や「別の観点」に気づけなくなることがある。認知療法という心の治療法では、これを「認知の歪《ゆが》み」と言う。それが原因で痛みなどの身体的な症状が現れることもある。

しかし、「認知の歪み」が修正されると症状も改善する。それには「自分で動いて確かめる」のが有効だ。たとえば、勇気を出して教師のところに行く（行動する）。すると、「お前、東大志望だったのか。偉いぞ。応援するから頑張れ」と励まされ

た。「なんだ、怒られるんじゃなかったんだ。よく考えてみれば、そんなに悪い点数じゃなかったし」(物の見方が変わる)。それで胸の痛みもスッと消える。

「行動することで物の見方が変わる。物の見方が変わると心身も元気になる」。これは、精神医学の世界で実際の治療に適用されて効果を上げている療法だ(「認知行動療法」と言う)。

健康なキミたちでも、「行動によって物の見方を変える」→「物の見方が変わればやる気もアップする」という“正の連鎖”をおおいに期待できる。

「才能がないから勉強ができない」「いくら努力しても進学校の連中には勝てっこない」。そう思い込んでいる人に、私がいくら「それは違う」と力説しても、信じない人は信じない。信じないから動かない。動かなければ結果も出ない。

だから逆でいく。まずキミたちが動くことで、間違った思い込みを修正する。それによってやる気が出る。「自分もやればできるじゃないか!」。そう思えるようになる。

この章では、“希望の法則”から導く「やる気アップ」の心理術を伝えたい。さっそく動き始めよう。「やれない自分」を変えるために。

STEP

1

「うまくいく」を体験する

勉強ができる人を見ていると、自信に満ちているように感じる。本人は「いや、全然そんなことないよ」と否定しても、自分の“自信のなさ”に比べたら月とスッポン……。

確かに、「優等生」には小学生のころからずっと成績がよかった人が多い。「勉強で頑張って結果を出してきた」という成功体験を積み重ねてきたから、「努力は報われる」「やればできる」ということが素直に信じられ、物事をポジティブにとらえる思考法が身についている。それが「自信」の正体だ。

勉強を頑張れない原因にも「不安」と「自信のなさ」がある。このふたつは密着している。「努力しても結果が出ないんじゃないか」という不安は「自信のなさ」そのものだ。

成功体験に乏しい人は、どうしても自分に自信が持てない。「できそうにない」「やれる自信がない」と、なんでもネガティブに考えてしまいがちだ。

これを変えるには、どんなに小さいことでもいいから、成功体験を積み上げていくしかない。そこから、「頑張ればできるかもしれない」「努力すればなんとかなりそう」というプラス思考が育っていく。“小さな成功”の積み重ねから「やる気」と「自信」を生み出すのだ。その具体的な方法とテクニックをここで身につけてほしい。

“小さな成功”を足がかりに「やれない自分」を変える心理術

idea

31

一度でいいから「クラスでトップ」を味わう

「うまくいく」を体験する。行動することによって物の見方を変え、やる気を引き出していく。それには、一度でいいから「一番」になる快感を知るのがてっとり早い。

「とんでもない！　いきなり一番なんて絶対無理」。そう思うかもしれない。

定期テストの校内順位でトップに躍り出る。それが難しいようなら、「クラスでトップ」、それも「１科目だけトップ」はどうだろう。

「それならできるかも。いや、やっぱ無理かな……」

無理か無理でないか、とにかく試してみよう。定期テストは模試と違って、授業でやったことを理解し、覚えるべきことを覚えてしまえば高得点を叩き出せる。

苦手科目は除くとして、これまでのテストの結果を見て、トップを取れそうな科目、かなりいい線までいきそうな科目をひとつだけ選ぶ。これで目標は決まった。
その科目の授業は全神経を集中して聞く。帰ったらノートと教科書を復習する。その科目だけは毎日が臨戦態勢だ。
定期テスト直前は、とにかく徹底的に暗記する。いつもうろ覚えで点を落としているなら、何回もチェックし、暗唱し、紙に書き、完璧になるまで暗記する。
間違いなく点は上がる。たとえ1科目でも“トップの快感”を味わうと“やみつき”になる。かりに2番や3番だったとしても、「頑張った自分」をほめよう。「次こそはトップだ！」と現実味のある希望がわいてくる。
「やればできる！」「今まではやり方が悪かったんだ！」。動いて結果を出すことで、物の見方が変わる。
さらにその科目にとどまらず、ほかの科目に対してもポジティブに考えられるようになる。たった一度、1科目だけの「成功体験」で。トップを取る快感はそれほど大きい。

Tips

すぐに点が上がる“マイナー科目”が狙い目！

倫理などの公民科目、漢文、保健体育のような“マイナー科目”は暗記だけで点が伸びる要素が強く、みんなあまり力を入れて勉強していないので狙い目だ。どれでトップを取ろうかと迷ったときはマイナー科目で！

idea

32

「暗記のみ」で点が伸びることを実感する

英語が苦手で、定期テストのたびに憂鬱《うつ》になる。
一般に、苦手科目を克服するには時間がかかる。英語や数学のように、“過去の蓄積”が重要な科目はなおさらだ。
しかし、英語の定期テストは、苦手でも高得点を取れる方法がある。ちょっとたいへんだが、試してみてはどうだろう。
「クラスでトップ」とまではいかなくても、点数が大幅にアップすれば、苦手意識も薄れ、やる気が出てくる。
英語の定期テストは、普通は教科書に載っている英文や文法以外は問われない。だから、テスト範囲の英文を丸暗記してしまえば、かなりの高得点を期待できる。
「あんな長い英文、暗記できる気がしない」。それは暗記したことがないからだ。行動によって物の見方を変えよう。

英文を音読する。英文を見て和訳する。和訳を見て英文を書く。教科書をふせて英文を暗唱する。ノートに英文を書く。詰まったら教科書を見る。教科書をふせて暗唱する……。

全文暗記、全文筆記できるまで、この作業をくり返す。前置詞や単語のつづりまで含めて正確に丸暗記する。丸暗記で点を取るのに必要なのは「完璧さ」だ。

教科書英文の丸暗記は、英語のセンスも養われ、英語力の底上げに威力を発揮する。やって損することは絶対にないので、安心して取り組んでほしい。

暗記のみで点が伸びることがわかったら、ほかの科目も試してみる気になるだろう。

Tips

定期テストでは“勝負科目”を２つか３つに絞る

「全科目に力を入れ、結果はどれも平均点前後」では中途半端すぎて成功体験にならない。そこで“勝負科目”を２つか３つにしぼり込む。「ほかの科目は赤点を取らない程度でよし」と考え、“勝負科目”に全力投球！

idea 33

反省だけで終わらず「失敗の原因」を突き止める

テストで悪い点を取ってしまった。

「終わったことは仕方がない。今回は集中して勉強できなかった。次こそは頑張る」

これはとてもポジティブな思考法だ。結果や過去を変えることはできないが、まだ決まっていない将来は、自分の力でどうにでも変えられる。だからこそ頑張るのだ。

ただ、そう決意したものの、次回も同じように結果を出せなかったり、同じ失敗をくり返したりして凹むことがある。

何がまずいのか。いつも「反省だけ」で終わっているからではないだろうか。反省するだけでなく、失敗の具体的な原因を突き止める。これが大切だ。

さっそくこれまでの定期テストを引っ張り出してきて、どんなところで失点しているかを分析してみよう。特に、毎回同じようなミスで点を落としていないかに注意しながら。
「計算ミスでいつも10点以上損をしている」
「英単語のつづりミスで毎回減点されている」
挙げればいくつも出てくる「同じ失敗」の数々。その原因をさらに突っ込んで探ってみよう。
たとえば、計算ミスでの失点の原因は、「基本的な計算力の不足」や「見直しをしていない」などだろう。
単に、「ケアレスミスだった」とか「運が悪かった」ですませるのではなく、原因を突き止め、その「課題と対策」を考える。
「毎日15分計算トレーニングをする」「途中の式も省略せずに書く」「計算途中での随時チェック、最後の見直しをキッチリやる」……。
これも考えるだけで終わっては意味がない。日々の勉強のなかで「課題と対策」をきちんと実践し、習慣化させる。
行動して結果を出す。それが一番の"クスリ"だ。

Tips

「原因」と「課題・対策」は、紙に書き出しておこう！

人間は忘れる動物だ。特に「都合の悪いこと」「不快なこと」ほど忘れやすい。そこで、失敗の「原因」を突き止め、「課題・対策」が浮き彫りになったら、すかさず紙に書いて目に見えるところに貼っておこう。

idea

34

努力しても結果が出ないときはやり方を変える

勉強しなければ結果が出ないのは当たり前だ。ただ、勉強しているのに、努力しているのに、思うような結果が出てこないこともある。

こういうとき、「やっぱり頭が悪いからだ」「もともと素質がないからだ」と、安易な、そして“間違った思い込み”にとらわれないように注意しよう。

努力しているのに結果が出ない。これにも必ず原因がある。

「頭のせい」にする前に、別の可能性を捜してみよう。

「努力の方向を間違えていないか」を疑ってみる。

英語や数学の場合、それまでの学習内容がきちんと定着していないことが原因で、「今やっていること」が理解できないケースが非常に多い。いわゆる「基礎力不足」である。

その場合はどうするか。
「つまずいた地点」にまで戻って、そこからやり直す。
人によっては中学レベルの復習から始めなければならないこともあるだろう。遠まわりのように見えるが、「基礎力不足」が原因の場合は、これが問題解決の一番の近道になる。
ほかのケースでも、まずは「やり方を間違えているのではないか」と疑ってみよう。
「なかなか覚えられない」「覚えてもすぐ忘れる」のは、記憶力が悪いせいではない。暗記のやり方に問題はないか。復習を軽視していないか。
多くの受験生を見てきた経験で言うと、「復習不足」が原因で努力が結果に結びつかないケースが非常に多い。
指摘されてもやり方を変えなかった人は、やはり伸びていない。"復習重視"の勉強法に切り換えた人は伸びている。
「やり方を変えて成功した。人生観が変わった」。大げさではなく、それほどのインパクトがある成功体験だ。

Tips

2か月は"我慢期間"、やり方をコロコロ変えない

英語や数学は、やり方を変えてすぐに結果が出るとは限らない。最低2か月、参考書を一冊完璧に仕上げてから判断する。ちょっとやってみてダメだからと、やり方をコロコロ変えるのは失敗するケースが多いので注意！

idea

35

「たった5点」上がっただけでも大喜びしよう!

定期テストの答案が返却される。得点を見ると前回よりもよくできている。ちょっとうれしい。
でも、隣の子の答案をチラっと覗いてみたら、自分よりはるかにいい点を取っている。「5点上がったくらいで喜ぶ自分」が恥ずかしくなる……。
いやいや、そんなことはない。大いに喜んでいい。いや、喜ばなければならない。
うれしいときに喜ぶ。悲しいときに泣く。負けたときは悔しがる。それが人間の自然な感情表出だ。
自然にわきあがってくる感情を抑圧するうちに、感受性が鈍化して、何事にも無感覚になってしまう恐れがある。
いい点を取ってうれしいから、「頑張ってもっといい点を取ろう」という気になる。喜びが大きければ、それだけ“やる気度”もアップする。

他人と自分を比べる前に、自分が進歩したことを素直に喜ぼう。５点上がったということは、その５点分、前回よりも努力したということだ。

努力した結果としてのプラス５点。小さいように見えてしまうが、それを積み重ねていくことが今は大切だ。

ウサギとカメ。最後に勝つのはカメだ。

Tips

失敗したときは、心の底から悔しがろう！

「悔しさをバネにして頑張る」。うれしさと同様、「悔しさ」もやる気を高める原動力になる。だから、テストで失敗したときは、心の底から悔しがろう。無理に平静を装っても、得することは何ひとつない。

STEP

2

「十分にやれる」ことを感じ取る

「一日何時間くらい勉強したらいいですか」「今の成績で本当に志望校に受かりますか」……。こんな質問を受けることが多い。不安だから勉強に手がつかない。逆に不安が解消されれば、「頑張れそうだ」という気持ちになれるようだ。

受験生はつねに不安を抱えている。「頑張ればできる」と思えても、「どのくらいの頑張りが必要か」がわからない。だから不安になって立ち止まってしまう。

しかし、たとえば「2か月で追いつける」「1日1時間でも3か月あればセンター試験に間に合う」とわかれば安心できる。「十分やれそうだ」と感じることで、初めてやる気がわいてくる。

心と身体は密接につながっているので、気力が充実しているときは身体の調子もいい。「十分にやれそう」と感じられるなら、少々疲れていても頑張って勉強できる。逆に、「無理だ」

と感じた瞬間にやる気がなくなってしまう。頭で「やれ」と命令しても、身体が拒否反応を起こすからだ。

受験勉強の最終目標は、志望校の合格最低点をクリアすることにある。“現時点の実力”と“残された時間”を考慮して、この目標を「十分に達成できそう」と思えれば、勉強にも弾みがつく。ここでは、「十分にやれそう」という感触をつかむ勉強法のコツ、ノウハウを伝えていきたい。

「十分にやれそう」と思えるようにする心理術

idea 36

目標を小分けにして“やれそう感”を高める

idea 37

1レベル下の参考書からスタートする

idea 38

「できそうなこと」から順に手をつけていく

idea 39

「やっているフリ」をしない

idea 40

苦手分野は先送りしてもかまわない

idea 36

目標を小分けにして“やれそう感”を高める

入試まで「あと６か月」を切ったとする。

試しに志望校の過去問を解いてみたところ、300満点中90点だった。得点率にして３割。

「これは厳しい」と思うか、それとも「十分にやれそう」と考えられるか。

「厳しいでしょ」と思った人は、得点率３割を見てそう感じてしまうのだろう。「まだ10分の３しか到達できていない」と。

しかし、思い出してほしい。受験勉強の最終目標は、志望校の合格最低点を取ることである。満点は必要ない。

その大学の合格最低点を調べてみると約６割。300点満点中180点以上取れれば受かることがわかった。

現段階で90点ということは、「あと90点」取れるようになればいいのだ。合格最低点を基準にすると、すでに半分の５割に達している。

「６か月で90点を上積みする」。これなら「できそう」という気になるかもしれない。それでもまだ「厳しい」と思うようなら、目標を小分けにして考えてみよう。

「１か月に15点ずつ伸ばしていけば、６か月で90点」。

「プラス15点」は、英語や数学なら大問ひとつ解ければ上積みできる。日本史や世界史なら、たとえばまだ手をつけていない“中世”に取り組むだけで達成できる。

これなら「なんとかなりそう」、いや、「十分にやれそう」と思えるだろう。

志望校の合格最低点を基準に「あと何点足りないか」を導いたら、さらにその目標を小分けにして考えてみよう。

まずは「厳しい」を「できそう」に変える。さらに「できそう」を「十分にやれそう」に変える。

「厳しい」と「十分にやれそう」は紙一重の違いだ。

Tips

合格最低点を科目別に“小分け”にして計画を立てる

受験科目は英語・国語・世界史で各100点満点、合格最低点は300点満点で180点。これを得意な英語で70点、苦手な国語は40点、問題がやさしい世界史で70点など、科目別に小分けにしても“できそう感”は高まる。

idea

37

１レベル下の参考書からスタートする

機種交換で最新モデルの携帯を手に入れる。友人に見せて自慢したくなる。新しい物を手に入れたり、新しいことを始めたりするときはウキウキする。

新しい参考書を買ったときも、新鮮な気持ちになるだろう。

「よし、この参考書で一気に実力倍増だ！」

ところが、いざ取り組んでみると思うように進まないことがある。解説を読んでも理解できないことが多い。自力で解ける問題もあまりない。模範解答を見てもまったくピンとこない。

受験生が参考書を買うとき、「早く入試レベルに達したい」とはやる気持ちから、今の自分の実力より１レベル、２レベル上のものを選んでしまう傾向がある。

最初は「やれそう」と思って買った参考書も、あまりに進まないので「やれそうにない」から「やりたくない」に変わってしまう。やる気は急降下する。

書店に行ったときは、「やれそう」と思った参考書より1レベル、場合によっては2レベル下のものを選んだほうが、いろいろな意味でいい結果を生むことが多い。

やさしめの参考書なら「わかる→できる→楽しい→やる気になる」というプラスの連鎖が生まれてサクサク進む。

やさしい参考書だからといってバカにはできない。「高校基礎」や「初級レベル」などの難易度表示があっても、実は難関レベルに十分対応できる参考書は数多くある。

タイトルやうたい文句に惑わされず、「これなら十分できそう」と思える参考書を吟味して選ぼう。

Tips

「解説や模範解答が理解できる」参考書がベスト!

参考書を選ぶとき、自力で解けそうな問題が少なくても、解説や模範解答を見れば理解できるものを選ぶのがベストだ。8割以上の問題を自力で解けてしまうような参考書は、逆にやさしすぎて力がつかない。

idea

38

「できそうなこと」から順に手をつけていく

週末に遊んでしまったため、日曜日の夜にあわてて宿題に取り組む。時間は限られている。

「全部はとても無理だ」と思っても、できるだけたくさん片づけてしまいたい。さて、どうするか。

「できること」と「できそうにないこと」に分類して、「できること」から先に取り組めばいい。

解ける問題、解けそうな問題から先に解いていく。"解けそうにない問題"は、時間が余ったら取り組むようにする。これが一番効率的なやり方だ。

宿題を"予習系"と"復習系"に分け、"復習系"から手をつけていくのも、なかなかうまいやり方である。

復習は一度やったことの確認、習ったことを使えるようにする演習などがメインだから、それほど時間はかからない。

その点、予習は「まだ習っていないこと」を独力で調べながら進める勉強なので、時間がかかるのは当然だ。

「時間のかからないこと」から先に手をつけていく。これもまたセオリーだ。

仮に予習系の宿題に手がまわらなかったとしても、どのみち授業では予習範囲をやる。授業をしっかり聞いて、帰ってから同じ範囲を徹底的に復習すればいい。

「できそうなこと」から手をつけていくのは、宿題に限らず受験勉強でもどんどん活用してほしい。さらには入試本番でも“最強の戦術”になる。

まず簡単な問題を見つけて最初に解く。解けたことで緊張が解け、「十分にやれそう」という手応えをつかめる。

「できそうなこと」を確実にこなしていくことで、心に余裕が生まれる。心に余裕があるときのほうが、物事はうまく進められる。受験勉強は“心理戦”でもあるのだ。

Tips

英語の予習だけはしっかり取り組もう！

英語は予習する価値が高い。辞書を使いながら英文を訳し、授業で文の構造を一文ずつ確認しながら添削する。このような流れで構造把握力をつけ、英文への“慣れ”を強化するのが英語攻略法のツボである。

idea

39

「やっているフリ」をしない

難しい問題を目の前に、じっと考え込む。

30分たっても1時間たっても手掛かりが見つからない。鉛筆はピクリとも動かない。それでも考え続ける。しかし、実際にはたいして頭が働いていないことが多い。

「できないこと」を無理にやろうとしていると、時間を浪費するだけでなく、へたをすると「考えているフリ」をするのがうまくなるだけ、ということにもなりかねない。

「できること」や「できそうなこと」から手をつけようとせず、今の実力では解けるはずのない問題ばかりやりたがる。そんな受験生も少なくない。

今の自分には解けないことがわかっているのに、1時間でも2時間でも考え込む。難しすぎて理解できない参考書の解説を、ただ眺めているだけで時間を潰す。
その状態を客観的に見ると、まさに「考えているフリ」をしているだけで、頭はほとんど働いていない。
自分では一所懸命考えている“つもり”になっている。だが実際は、空想の世界で“勉強ごっこ”をしているのに近い。
簡単なことができないと自分が傷つくが、難しいことができないとなれば傷つかない。
できない自分を認めたくないから、できっこないことばかりやろうとする。精神分析学で言う「逃避」の一種である。
そうならないためには、とにかく「できること」から地道に積み上げていくことが肝心だ。
簡単なことがわからない、できないのは、恥ずかしいことでもなんでもない。それを「わかる」「できる」ようにするために勉強しているのだから。
基礎がしっかり固まってくれば、今は「難しすぎる」と感じることも、「十分にやれそう」という気になれる。勉強するフリだけうまくなっても、この感覚は得られない。

Tips

「たまには難問にチャレンジしてみる」であればOK

基礎を中心に進めながら、たまに難問にチャレンジしてみるのはいい。できなくても「まだまだ力不足、もっと基礎をしっかりさせなければ」という気になる。もし解ければ、力がついてきたことを実感できる。

idea
40

苦手分野は先送りしてもかまわない

参考書や問題集を順番通りに進めていくと、苦手な単元や分野に突き当たる。
飛ばして進むのは気持ちが悪いので、仕方なく取り組むが、ペースもやる気も、やはりガクンと落ちる。
「頑張れば苦手分野を克服できる」と思えても、現実にはなかなかそうはいかないことが多い。
「日本史の近現代がどうしても苦手」「数学の『確率』はいくらやってもできる気がしない」
それなりに勉強してきたのに、思うように伸びない分野は必ず出てくるものだ。
それでも頑張って得意科目にするか、ある程度のところまで伸びたら「よし」とするか。ここは“見切り”も必要になる。

どうしても苦手な分野は、思いきって“飛ばして”進めてしまおう。“捨てる”のではなく、先送りして夏休みなどの長期休暇にまとめて取り組むのだ。

ただし、教科書レベルの基礎的なこと、その科目の土台となるような分野は先送りしない。英語なら「高校までの基礎文法」、数学なら「数と式」「２次関数」など。

授業がない長期休暇は、時間がたっぷりあって気持ちに余裕ができる。苦手科目に対する意識もふだんとは違う。

「落ち着いて勉強すれば、そこそこは伸びるだろう」と思えてくる。「そこそこでいい」という意識があれば、いっそう気楽に取り組むことができる。

時間と気持ちのゆとり。これをつくり出して“やれそう感”を高め、そのうえで苦手科目に取り組むのが賢いやり方だ。

Tips

条件がそろえば、苦手分野を捨ててもいい

苦手分野を完全に捨ててしまう選択もある。本番の試験で苦手分野の問題が“白紙提出”でも、受験科目のトータルで合格最低点をクリアできるメドが立つのであれば完全に捨ててもかまわない。

STEP

3

「迷い」を断ち切る

いざ受験勉強を始めようとしたとき、「何をどう勉強すればいいのか」がわからずに迷うことがあるだろう。とりあえず自己流でいろいろやってみるが、なかなか結果に結びつかない。そうこうするうちに、せっかくのやる気も薄れてしまう。

迷うこと自体は悪いことではない。ちゃんと考えている、慎重になっている証拠だからだ。ただ、どこかでその迷いを断ち切らない限り前に進んでいけない。

迷いを断ち切るには、「自分を納得させる」ことが必要だ。確信とまではいかなくても、「こうしたほうがよさそうだ」「こっちのやり方のほうが向いていそうだ」と思えればいい。

では、どうやって自分を納得させるか。これにはいろいろな方法がある。このステップではそれを紹介していくが、その前に大切なことを伝えておきたい。

受験勉強のやり方には「これが絶対的に正しい」というもの

はない、ということだ。もちろん、“経験的に正しいやり方”や“理屈として正しいやり方”はある。ただし、それが万人にあてはまるとは限らない。

最終的にはこれらのいわゆる「正しい勉強法」をベースにしながら、「自分に一番合ったやり方」にアレンジするのがベストだ。どうやってそれを見つけるか、そのヒントとなるノウハウも合わせて紹介していこう。

「これなら納得」と思って前進する心理術

idea 41

勉強する前に“勉強法”を勉強する

idea 42

うまくいっている人のやり方をマネする

idea 43

「何が理解できていないのか」をチェックする

idea 44

ふたつのやり方を試して“結果”で判断する

idea 45

「信じたやり方」で突き進む“愚直さ”も必要

idea

41

勉強する前に“勉強法”を勉強する

学校の教師や予備校講師は、“教科のプロ”として教科書やテキストの内容を教えてくれる。それが彼らの仕事だ。

教わった内容を「理解する」「覚える」「定着させる」のは、キミたち自身に与えられた“仕事”だ。

そのやり方がうまいかへたかで、結果に差が出る。

できれば最初から“うまいやり方”を知っておいたほうがいい。そうすれば、迷わずに勉強に専念できる。

しかし、考えてみればキミたちは、これまでに“上手な勉強のやり方”を誰からも教わってこなかったのではないか。

参考書の使い方、ノートのとり方、暗記のやり方など、自己流でやってきた人がほとんどだろう。

それで結果が出ているうちは問題ないが、そのうちカベに突き当たる。そこで迷いが生じる。
“学校の勉強”と“受験勉強”は違う。
「これから受験勉強を頑張ろう」という気になった人は、まずは“勉強法”について勉強することを勧めたい。
勉強の中身（コンテンツ）より先に、勉強のやり方（ノウハウ）を研究してみるのだ。
ちょっと大きな書店の参考書コーナーに行くと、合格体験記や勉強のノウハウ本をまとめた場所がある。私が書いた受験戦術書もそこに並んでいるだろう。
立ち読みするもよし、気に入った本を買って帰るもよし。
いろいろある勉強法のなかから、「これなら納得できる」「自分に向いていそう」と思えるものを選択する。
「どうやればいいか」わからないまま、手さぐりで自己流のまま勉強を始めると、たいてい途中で行き詰まって迷う。
だったら、最初から迷いを断ち切った状態からスタートするほうが賢明だ。

Tips

ネット掲示板の“不確定情報”に惑わされないように

ネット掲示板にも“勉強法”のジャンルがあり、いろいろな書き込みで賑《にぎ》わっている。それを参考にしてもよいが、基本的に匿名情報は信頼性に欠けるので、特に受験勉強の“初心者”は振りまわされないように注意。

idea 42

うまくいっている人のやり方をマネする

「定期テストはそれほど悪くはない。まあ普通。だけど、模試になるとボロボロ」
こういう人は、自己流のやり方では限界にきていると考えたほうがいいだろう。
そんなとき、てっとり早いのは「うまくいっている人」のやり方をマネしてみることだ。
たとえば、定期テストよりも実力テストで力を発揮する。模試になるとべらぼうに強い。
そんな人が身近にいたら、率直に「どんな勉強のやり方をしているの？」と聞いてみるといい。
「なるほど、そんなやり方があったのか！」「そのやり方なら自分も伸びそう」と思えたら、さっそくマネしてみる。

以前は自分と同じくらいのレベルだったのに、最近になって急に成績が伸びた人にも注目しよう。
何が変わったから伸びたのか。そこを聞き出す。
勉強のやり方を変えたのではなく、本気になって勉強しようと思い、勉強時間を増やしただけかもしれない。
定期テストの前しか勉強していなかったが、受験勉強に目覚めて、毎日勉強する習慣がついただけかもしれない。
それでも、「勉強の絶対量が足りない。勉強習慣が身についていない。だから伸びない」という基本的なことを確認できる。これも大きな収穫だ。

Tips

受験の成功者から勉強法を直接聞き出す

身近に受験の成功者がいたら、勉強法を教えてもらおう。彼らは、最終的に「何がムダで何が役に立ったのか」をよくわかっている。ここが、まだ入試を経験していない現役生との最大の違いだ。

idea

43

「何が理解できていないのか」をチェックする

勉強の方針、やり方を考えるときに重要なのは、「今現在の自分の状態」を客観的に把握することだ。それがよくわからないから迷いや不安が生じる。

そこで、「自分が何を理解できていて、何を理解できていないのか」をハッキリさせる。

たとえば、英語の教科書を開いて意味のわからない単語に片っ端から線を引く。それを「新出単語」と「既習単語」に分類してみる。

もし、「既習単語」の数が「新出単語」より多ければ、それが原因で英語の勉強がうまく進まないことが考えられる。

さらに、「すでに習った単語」がいつごろ習ったものかを調べる。その多くが中学レベルの単語であれば、中学にまでさかのぼって基本単語を覚え直す必要がある。

受験勉強は、みんなが同じスタートラインに立って「よーいドン」で始めるものではない。スタートラインもバラバラならゴールとなる志望校もバラバラだ。

当然、人によって「何をどのように」勉強するかの計画や勉強法も違ってくる。

まずは自分の“スタート地点”を知らないことには、受験勉強は始められない。そのために、「理解できないこと、できること」をチェックしていく。

その作業を通して、「自分がどの時点からつまずいたのか」が見えてくる。それは、中学３年からかもしれないし、高校１年の前半からかもしれない。

つまずいた地点を特定したら、いったんそこまで戻り、過去の“穴”を埋めることから受験勉強をスタートさせる。

スタート地点がわかれば、この先「何をどう進めていけばいいか」も見えてくる。迷いや不安は消えているだろう。

Tips

中学時代の教科書や参考書をもう一度チェック！

数学や英語の授業がよく理解できない人は、中学の学習内容に“穴”があるケースが圧倒的に多い。まずは、中学レベルの学習内容がきちんと理解できているか、当時の教科書や参考書でチェックしてみよう。

idea 44

ふたつのやり方を試して“結果”で判断する

英単語集を暗記するとき、キミはどのようなやり方をしているだろうか。
「1日2ページと決めて、それを毎日続ける」。これまで、そうやって覚えてきた人も多いだろう。
別の方法もある。「1日にできるだけ先に進め、2回目、3回目の復習で覚えられなかったものを潰す」やり方だ。
私はむしろ後者を勧めたいのだが、どちらを選択するかはキミ自身である。
その際に注意してほしいのは、感覚だけで決めないことだ。
「今までのやり方のほうがよさそう」と思えても、本当にそうなのかは、実際にやってみないとわからない。
迷っていても始まらない。とにかく試してみよう。

暗記のやり方でも参考書の使い方でもいいのだが、どのやり方を選ぶかの判断に迷ったときは、「結果」を比較して判断する。これが一番確実だ。

先の英単語の覚え方で言えば、最初の１週間は前者のやり方で覚え、次の１週間は後者のやり方を試してみる。

それぞれの最終日には、「１週間で何個覚えていられたか」をチェックして比較する。

自分にとってどちらが効率的な暗記法かは、結果を比較すれば一目瞭然だ。もう迷うことはない。

「どちらもたいして変わらない」という結果が出たら、そのとき初めて感覚的な判断に委《ゆだ》ねればいい。

「何をどうやって」勉強すればいいかで迷ったときは、とにかく実際に試してみる。出てきた結果を比較する。そして、結果のいいほうを選択する。それが科学的思考法だ。

客観的データによる“結果判断”は、間違った思い込みを修正し、受験勉強を進化させる力となる。

Tips

「ほかの人とは違うやり方」でも不安にならない

自分のやり方が周囲の人と違っていると、不安になるものだ。しかし、“結果判断”で「正しい」ことが証明されていれば、迷わずに“我が道”を進もう。勉強のやり方は十人十色。「これが絶対」はない。

idea

45

「信じたやり方」で突き進む“愚直さ”も必要

どちらのやり方がいいのか、結果を比べても変わらない。いろいろな人がいろいろ言う。余計に迷いが大きくなる。

そういうときは、余計な雑音をシャットアウトして「自分の信じたやり方」で突き進もう。受験勉強では、時にそうした“頑《かたく》なさ”や“愚直《ぐちょく》さ”も必要だ。

少なくともネット掲示板などの情報に振りまわされてやり方をコロコロ変える人より、はるかにいい結果を期待できる。

「信じるパワー」は、時にものすごい爆発力を生む。

「お前ならやれる。試験までの最後の1か月間、死ぬほど勉強してみろ。必ず受かる！」

たとえば、自分が尊敬する人、自分のことを一番わかってくれている人からそう励まされたとする。

「これまでの模試の結果を見て、まだそんなことが言えるのか」とネガティブにとらえるか。
「たとえ模試の合否判定が悪くても、最後の追い込みで逆転も可能」とポジティブに考えられるか。
物事を前向きに考えられる人は、人の言うことも素直に信じられる。「人を信じられる自分」を信じているからだ。
「信じること」が強力なエネルギー源になる。
それで本当に逆転合格を果たす受験生が毎年たくさんいる。彼らは合格通知を手にしてこう叫ぶ。
「信じられない！」
そうではない。愚直なまでに「自分を信じた」ことによる、当然の結果なのだ。

Tips

多少要領が悪くても、“量”で圧倒して結果を出す

いわゆるスパルタ校では、それほど要領がよくなくても、勉強量で圧倒して結果を出す生徒が多い。これもひとつのやり方だ。あれこれ考えたり試したりするのが性に合わなければ、この路線で突き進んでもいい。

第4章

「いやでも頑張れる自分」をつくる人間関係術

お互いに支え合う“関係”のなかから、やる気と希望が育っていく！

✶

勇気やパワーは人からもらえる！

キミが一番憧れている人や好きな人、尊敬する人を思い浮かべてみてほしい。俳優やアスリートでもいいし、学校の先輩でもいい。その人に直接会って話ができたとする。うれしいに決まっている。さらに、その人がキミの話を聞いて、こんなことを言ってくれたと想像してみよう。

「応援してくれてありがとう。キミのことも応援しているよ。一緒に頑張っていこうね」

メチャクチャ感激する。勇気が出てくる。パワーが自分の内側からわき上がってくるようだ……。

これはあくまでも想像だとしても、その“感じ”はわかるだろう。それもそのはずで、実はふだんの生活のなかで、誰もが似たようなことを経験しているのだ。

たとえば、自分のグチや悩み事を親しい友人に話したりするとき。「わかるわかる、その気持ち。自分だってそうだからなあ」とか「まあ、あまり深刻に考えなくてもいいんじゃない」などと言ってもらえるだけで安心する。気分が明るくなる。なんとなく希望がわいてくる感じがする。

「自分のことを理解してくれる人がいる」「自分だけが悩んでいるんじゃない」という安心感、これは部屋にこもってひとりで悶々としているだけでは絶対に得られない。

“人との関係”のなかで やる気が育っていく

お互いに支え合い、認め合うことで、勇気や希望が生まれてきて「一歩前に踏み出せる」ようになる。

人には「誰かとつながっていたい」という根源的な欲求があり、それが人間を動かしている。このように、人間の動機を人との「関係性」に求める考え方が、現代精神分析学では主流になってきている（「対象関係論」「自己心理学」などと呼ばれる）。「人に理解してもらいたい」「人から愛されたい」というような“人間関係への欲求”が、人間の行動の根源的な動機になるという理論である。

この理論は、精神障害の治療のほかにも、社員のやる気を引き出す社員教育など、さまざまな現場で応用され効果を上げている。もちろん、勉強のやる気を高めるノウハウとしても効果的だ。そして、受験に成功した人たちは、意識していないだけで、多かれ少なかれこれを実践してきている。

たとえば、高校時代を振り返って「同じ目標を目指す仲間がいたから自分も頑張れた」「よきライバルがいたおかげで、自分も受かることができた」と言う人が多い。まさに“人との関係性”のなかで、やる気が育っていったわけだ。「自分でやる気を育てた」と言えなくもないが、むしろ「人からやる気を吹き込んでもらった」面が強い。

受験を利用して
一緒に成長していこう！

勉強に手がつかない。頑張れない。それは「自分が弱いからだ」と思っているかもしれない。しかし、そう思っているのは、キミだけではない。みんな自分のことを「弱い人間だ」と思っている。私だってそうだ。「強くなれ！」と自分に念じるだけで強くなれるなら、誰も苦労はしない。だからこそ“関係性”が大事になってくる。

「なんだ、キミもそうだったのか。実はボクもそうだ」と友人に言われてホッとする。「いろいろ大変だけど、一緒に頑張っていこうよ」と励まされれば、くじけそうになっていた心が元気を取り戻す。まさに“関係の法則”と呼べるだろう。

受験勉強は、おそらくキミにとって人生最初の“一大イベント”であり“難事業”だろう。たったひとりで立ち向かうには、あまりにも荷が重すぎる。「弱い自分」を誰かに支えてもらい、逆の立場では仲間や友人を支えてあげる。自己心理学では、「支える・支えられる」の“関係性”をとおして「自分をしっかりさせる」のが健全な発達モデルと考えられている。

その意味で、受験勉強という“イベント”を、仲間と一緒に自分も成長できる絶好の機会だと考えてみてはどうだろうか。“ダメな自分”を変えるチャンス、「頑張れる自分」をつくるチャンス、ひいては受験の成功によって人生、運命を自分自身で切り開くチャンスなのだと。

この章では、“関係の法則”から導かれるやる気アップ術を紹介していく。“小手先のテクニック”ではない。社会に出てからも役に立つ、そして人生をよりよく生きるためにも必要な“人間関係術”である。

STEP 1

安心感を得る

「頑張って勉強しても受かる保証はない」と言われれば不安になる。しかし、それは事実だから仕方がない。学校で一番成績がいい優等生でも、志望校に確実に受かる保証はない。

不安で勉強が手につかない、勉強に集中できない。そんなこともあるだろう。だが、そもそも不安のない受験生などひとりもいない。「不安でも勉強に手がつく」「不安でも頑張れる」ようにもっていければいい。みんな不安を抱えながらも頑張っている。キミにそれができないはずがない。

「受かるかどうか不安。だからもっと頑張って勉強する」というように、不安はやる気の原動力にもなる。不安を完全に取り除くという発想ではなく、「勉強に手がつく」くらいまで不安を押さえ込めればいいのだ。それには“安心感のレベル”を高めるのがてっとり早い。

そこでカギとなるのが、この章のテーマである“関係の法則”の活用だ。「不安なのは自分だけじゃない」ことを知るだけでも安心する。グラグラして不安定な心を誰かに支えてもらうことで、頑張ろうという気になれる。それで不安が完全に消えるわけではないが、少なくとも勉強に手がつく状態になればそれで十分だと考えよう。そのためのちょっとした人間関係術について紹介していきたい。

勉強に集中できる自分をつくる人間関係術

idea 46
「人に頼る」ことをカッコ悪いと思うな

idea 47
ホンネを話せる親友はひとりいれば十分

idea 48
人の欠点ばかりでなく「よい面」も見つけよう

idea 49
親や教師とは良好な関係を築いておく

idea 50
“自分の居場所”を学校の外に求めてもいい

idea 46

「人に頼る」ことをカッコ悪いと思うな

不安や悩みを抱えていても、みんなの前ではそれを隠して明るく振る舞い、ひとりになると落ち込んでため息ばかりついている……。なかにはそんな人もいるだろう。

「これは自分の問題なんだから、自分で解決しなければならない。人に頼るのはみっともない」

もしかしたら、そう考えていないだろうか。

「こんなつまらないことで悩んでいる自分を人に知られるのが恥ずかしい」

そんな気持ちもあるのかもしれない。

もちろん、自分ひとりで解決できるなら、それにこしたことはない。それができないから悶々とする。

人に頼るのは悪いことではない。ましてや、それを「カッコ悪い」などと思う必要はない。

高校生くらいの年齢は、ホルモンのバランスが変わって精神的に不安定になりやすい。身体や容姿の不安、将来の不安など、“人には言いにくい不安”が渦巻いている。

だからこそ、と私は言いたいのだが、自分の力で解決できないことは、ひとりで抱え込んでいないで誰かに話してしまったほうがいい。

それで問題が解決するとは限らないが、少なくとも話を聞いてもらうだけで安心感を得られる。

それもできずにウジウジ悩んでいるほうが、よほどカッコ悪いことだと私には思えるのだが、どうだろうか。

自力で解けない問題を誰かに教えてもらう。勉強に手がつかない悩みを人に話してみる。「頼りにされる」立場になって考えると、決して悪い気はしない。

「上手に人に頼る能力」。これは、受験を通じて身につけてほしい能力のひとつだ。その後の人生でも大いに役に立つ。よりよく生きるための極意と言ってもいい。

Tips

自分で何も考えず、「頼りっぱなし」はよくない

自分でちょっと調べたり考えたりすれば解決できるようなことまで、すべて人に頼りきっていると、自分で物を考えなくなってしまう。まず自分で解決しようとする努力、これは惜しまないようにしてほしい。

idea

47

ホンネで話せる親友はひとりいれば十分

「友人はたくさんいたほうがいい」

確かに私もそうは思うが、数よりも大切にしてほしいことがある。それは「どんな関係を築けるか」だ。

「仲間外れにされたくないから、無理をして周囲の仲間に合わせている」「学校に行くと無理をして“ネアカ”を演じている」。そんな人がいるかもしれない。

周囲や社会に適応するために“偽りの自己”を演じることは、実は誰でもやっている。悪いことではない。

ただ、“偽りの自己”がふくらみすぎて、“本当の自己”が出せなくなってしまうと問題がありそうだ。これを病的であると指摘する精神医学者もいる。

「あ、今の自分は“演じている自分”だな」と客観的に自分を見られるうちはいい。その意識がもてなくなると、「本当の自分」がなくなってしまう。
いくら仲間がたくさんいても、“本当の自己”を出せない、ホンネを言えないのであれば、かえって疲れてしまうだけだろう。
仲間の数が多いほどストレスも大きくなる。
仲間や友人は、たくさんいればいいというものではない。
それより、ホンネを言える友人、自分のことを理解してくれる親友がひとりいるだけで、ずっとラクになれる。
「支える・支えられる」の関係のなかでともに成長できる友人が、たったひとりいるだけでも十分に幸せだ。

Tips

ちょっと勇気を出してホンネを言ってみる

なんとなく気が合う。お互いに理解できそう。そんな仲間が近くにいたら、少しずつでいいからホンネを言える関係に育てていこう。「志望校決まらないんだよね」。最初はそんなたわいもない話から始めてもいい。

idea 48

人の欠点ばかりでなく「よい面」も見つけよう

クラスのなかには、好きな人もいれば嫌いな人もいる。嫌いな人と無理につき合う必要はないが、ことさら避けることもない。最近は、「好きか嫌いか」の二者択一で仲間をつくったり反目し合ったりしている人が多いように思えてならない。

それまで仲がよかった友人と、ちょっとしたことが原因で口もきかない関係になってしまうのは、「好きか嫌いか」のどちらかしかない、と考えてしまうからだろう。

大人の世界でもそうだが、あらゆる悩みごとのなかでも「人間関係の悩み」は特に大きなストレスとなる。

それが原因で会社を辞めたりノイローゼになったり、極端な場合は暴力事件や殺人事件にまで発展したりする。

キミも人間関係の悩みが原因で、イライラしたり落ち込んだりしていないだろうか。そんな状態なら、勉強に手がつかなくても仕方がない。
ただ、仕方がないからと言って勉強しないわけにはいかない。
では、どうしたらいいか？
その“処方箋《しょほうせん》”として、「人に対する見方を変える」ことを勧める。「好きか嫌いか」の二者択一をやめるのだ。
「アイツは自己中だから嫌い」ではなく「自己中な奴だけど人には意外に優しい面がある」というように、欠点ばかりでなく、長所を積極的に見つけるようにする。
逆に、人のよい面ばかりを見ようとせず、たとえば「欠点もあるけど、それも含めた“アイツらしさ”が好きだ」と見方を変えてみる。
物事には「よい・悪い」とか「好き・嫌い」のふたつしかないといった考え方（「二分割思考」と言う）をやめるだけで、人間関係からくるイライラや不安の多くは解消できる。
人に対する見方を変えることで自分も変わる。自分が変わることで新しい人間関係が芽生えてくることも多い。

Tips

「よい面」に気づいたら、本人に伝えてあげる

仲間や友人のよい面は、本人に伝えてみたらどうだろう。「適当っぽく見えるけど、根はすごく真面目なんだね」とか。そこから“心を開いたつき合い”が始まることもある。口に出さなければ相手には伝わらない。

idea

49

親や教師とは良好な関係を築いておく

親や教師がうざい、と思うことがあるだろう。
たまにならいいが、それが原因でいつもイライラしているなら、やはり勉強にも集中できない。
考えるから頭にくる。無視すればいいと思うのだが、そうもいかない。ここはひとつ落ち着いて考えてみよう。なぜ親や教師をうざいと思うのか。
「自分のことを認めてくれない」「考え方が気に食わない」「余計なことをグチグチ言う」「そもそも性格が合わない」など、理由は人それぞれかもしれない。
しかし、理由はなんであれ、親や教師に「そういうのやめてくれませんか」と頼んで、「はい、やめます」と素直に従ってくれる相手ではない。それくらいはわかるだろう。

だったら、自分のほうが「うまくやっていけるように」変わればいい。屈辱だとか恥だとかと思うことはない。
ここでも「人に対する見方を変える」のが有効だ。
「お金をかけてここまで育ててくれて感謝」「自分のことを心配してくれる気持ちはよくわかる」「親は親でいろいろ苦労も多いんだな」……。
そんなことを考えてみると、「まあ、こんな親でもいるだけ幸せかな」という気になれるだろう。「ここは自分が大人になってやろう」。そう思って接すれば腹も立たない。
教師に対しても同じだ。意地の張り合いをしても自分が消耗するだけだ。
不思議なもので、相手の「よい面」を見つけて評価する姿勢をもつと、相手も同じように自分の「よい面」を認めてくれるようになることが多い。
自分が変わることで、相手との関係も変化する。こうして親や教師と良好な関係を築くのが、一番いい解決法だろう。

Tips

どうしてもダメならうわべだけ従うフリをする

教師が自分のことを目の敵《かたき》にしている。いい関係を築こうと努力しても向こうがそれを拒否する。そんな教師は相手にするだけ損だ。顔ではハイハイと従って、腹のなかでは“アカンベー”と舌を出していればいい。

idea 50

“自分の居場所”を外に求めてもいい

学校がおもしろくない、クラスの仲間ともあまり気が合わない。自分は勉強を頑張ろうと思っているのに、周囲は全然そんな雰囲気ではない。自分だけ浮いてしまっている……。
「学校に自分の居場所がない」と悩んでいる人から、ときどき相談の手紙をもらうことがある。
それに対して、私は基本的にこう答えることが多い。
学校やクラスの仲間に多くを期待せず、「まあ、こんなもんだろう」くらいに思ってはどうだろうか、と。
高校卒業までちょっと我慢して大学に受かれば、これまでとは全然違う新しい世界が目の前に開ける。「我慢した少し先にある楽しいこと」を想像しよう。
そうすれば今の悩みもちっぽけなものに見えてくる。

もうひとつ、学校の外に“自分の居場所”を求めてみるのもいいだろう。たとえば、試しに塾や予備校に通ってみる。
塾や予備校には、受験という目標を共有する同年代の人たちが集まってくる。
自分と似たような価値観をもつ人の集まりのなかに入れば、理解や共感を得られやすく、友人もつくりやすい。
学校の外に自分の居場所が見つかれば、学校もそれほど苦痛ではなくなる。地域のサークルやネット上の趣味の集まりなどに自分の居場所を求めてもいい。
勉強でも趣味の世界でも、同じ価値観を共有する人たちと結ばれることによる安心感は、自分を強くしてくれる。

Tips

“つまらなさ”のなかにおもしろさを発見する姿勢を！

学校生活はある種の“ルール”だ。校則をかいくぐって独自のオシャレを工夫したりと、ルールがあるからこその楽しみもある。つまらないと嘆く前に、そのなかに楽しさやおもしろさを見つける姿勢をもとう。

STEP 2

同じ目標を共有する

私は高校生のころ、勉強をせずに映画ばかり観ていてた時期があった。学校で落ちこぼれ、勉強なんてくだらないと思っていた私は、本気で映画監督になりたいと思っていた。しかし、そんなことを人に言ってもまずバカにされる。そう思い込んでいたのだが、あるとき思い切って同級生のひとりにそのことを告げてみた。すると、バカにするどころか「へえ、それはおもしろい。すごいじゃないか」と励ましてくれた。

それがきっかけになったのだろう、優等生だったその同級生は、劣等生の私に「一緒に勉強しないか」と誘ってくれたり、受験情報を教えてくれたりと、随分助けてもらった。現在の私があるのもその同級生のおかげだと、今でも心から感謝している。

自分を理解してくれる仲間、支えてくれる友人の存在は、本当にありがたい。自分だけでは「できそうにない」ことも、目標を共有する仲間がいれば「できそう」な気がしてくる。勇気とやる気がわいてくる。
「ウチの学校じゃ、そんな仲間なんてできない」とあきらめるのは早い。誰かから声が掛かるのを待つのではなく、自分から声を掛けて仲間を巻き込む。目標を共有する仲間をつくる。そのための“きっかけづくり”がこのステップのテーマだ。

一緒に頑張れる仲間をつくる人間関係術

idea 51

テストの結果はよくても悪くても隠さない

テストの答案が返却されたとき、周囲に自分の点数を知られたくないか、それとも知られても平気か。キミの場合は次のどれだろう。

　1．点数がよくても悪くても、すぐに隠してしまう。

　2．点数が悪いときは隠すが、いいときは隠さない。

　3．恥ずかしいけど、点数がよくても悪くても隠さない。

できれば「3」でありたい。

自分の点数を知られたくないのは、「周囲に自分がどう思われるのか」が気になっているからでもある。

つまり、「ほかの人が自分の点数を知りたがっている」と想像しているわけで、逆に言うと、自分も周囲の点数のことが気になっていることの裏返しの心理でもある。

ほかの人の点数が気になる。これは偽らざる気持ちだろう。

別に勝った負けたで騒ぐつもりはない。他人に対する純粋な興味である。

他人に興味や関心をもつのはよいことだ。

「あの人はどんなタイプの異性が好きなんだろう」

「あの子は大学受験のことをどう考えているのだろう」

興味があるからその人のことを知りたくなる。いろいろ話をしてみたい。まさに“関係性への欲求”だ。

それでも、あまり踏み込むと相手がいやがるのではないか。そんな“気遣い”から「興味がないフリ」をしている。キミも含めて、そんな人が多いのではないだろうか。

点数がよくても悪くても、テストの答案は隠さない。

これは「いらぬ気遣いは無用、興味があるなら見ていいよ。何を聞いてもいいよ」という意志表示でもある。

最初は恥ずかしいだろうが、自分をオープンにして周囲と自然に接してみると、仲間とのいい関係を築きやすくする。

Tips

理解してほしい気持ちに素直になろう!

「自分のことは放っておいてほしい」「人と関わるのは面倒」という人もいるだろうが、心のどこかに「誰かに理解してほしい」という“関係性への欲求”があるはずだ。それを認めるだけでもラクな気持ちになれる。

idea

52

興味をもった相手には、気軽に話し掛けてみる

「なぜ急に成績が伸びたんだろう」「部活で忙しいのに、いつ勉強しているんだろう」
親しい友人になら気軽に聞けることでも、ふだんあまり接触のない人には聞きにくいものだ。
学校でいつも顔を合わせているのに、その人のことをよく知らない、知らないから余計興味がある。だったら、ためらうことはない。気軽に話し掛けてみてはどうだろう。
クラスのなかでは、だいたい同じような趣味や価値観で結ばれる"仲良しグループ"がいくつかできるものだ。
同じグループの仲間のことはよく知っていても、違うグループの人のことはあまり知らない。
気が合う合わないは別に、興味をもった人の話を聞いてみるの

はいいことだ。仲良しグループだけで固まっていると、知らないうちに物の見方が偏ってしまうことも多い。

人間には、誰でも「人から関心をもたれたい」とか「自分の話を聞いてもらいたい」といった欲求がある。悪意のある質問でなければ、喜んで答えてくれるはずだ。

それがきっかけで、その人の新しい面を発見することができる。

逆に、相手も自分に興味を示してくれるだろう。

「興味をもつ・もたれる」の関係から発展して、お互いにホンネを言い合える仲になれるかもしれない。

「人それぞれ、いろいろな個性がある」ことを知るだけでも、ちょっと世界が開けたような感じがするはずだ。

Tips

仲間づくりのポイントは“聞き上手”になること

「話を聞いてほしい」という相手の欲求を上手に満たしてあげる。それには“聞き上手”になることだ。自慢話だろうがグチだろうが、一所懸命に聞いてあげれば相手も心を開く。仲間づくりの大きなポイントだ。

idea

53

勉強や受験の話は、自分から切り出そう

テレビの話題や好きなタレントの情報など、当たり障りのない会話ならいつもしているのに、勉強や受験のことなど“重い内容”の話はほとんどしない……。
それでも別にかまわないと思うかもしれない。でも、仲間がどう考えているのか知りたい。キミがそう思うなら、ほかの人もきっと同じだ。
楽しい話で盛り上がっているときに、「ところで、受験のことだけど……」とはさすがに言いにくい。空気が読めない奴だと思われてしまう。
うまく切り出すタイミングはなかなか難しい。
高２や高３になって受験を意識する人が増えてくると、自然にそういうことも話せるようになるかもしれないが、そもそも勉

強や受験の話題などは特別“重い内容”ではない。むしろ、キミたちにとってとても身近な話題だ。
テレビの話題と同じくらい気軽に話せるほうがいいし、そうなれば仲間意識もより強くなる。
あまり大勢だと話しにくいので、たとえば帰る方向が一緒の２、３人の仲間に、話題が途切れたときを狙って、それとなく話してみるといい。
「今度のテスト範囲は広くてたいへんだよね～」
「予備校に行くつもりある？　ウチはお金がかかるからダメだって言われちゃった」
こんな感じでさりげなく切り出してみると、意外にスッと話題に乗ってきてくれるだろう。
誰かがそういう話題を振ってくれれば、話したいことがたくさんある。でも、自分が言い出しっぺになるのはちょっと……。実はみんながそう思っていたりする。
ここはキミが“切り込み隊長”になって、勉強や受験の話も気軽にできるような雰囲気をつくっていこう。

Tips

話しかけてくれるのを待つ“戦術”もあり！

自分から話題を切り出せない人は、あまり無理をしなくていい。休み時間などにこの本を読んだりしていると「何それ、おもしろい？」と声を掛けてくる人がいるかもしれない。ダメモトと思って試してみてはどうだろう。

idea

54

“優等生への偏見”を一度捨ててみる

クラスにいくつか存在する“仲良しグループ”を観察していると、おもしろいことに気づくかもしれない。
意外にありがちなのは、同じくらいの成績の者同士が固まって仲良しグループがつくられていることだが、さて、キミのクラスではどうだろう。
勉強ができる人同士でグループができていたり、「勉強なんてダサい」と優等生を目の敵にするグループがあったり、それぞれの集団はそれぞれの価値観で結ばれている。
成績があまりよくないグループに属していると、優等生にはなんとなく近寄り難いものを感じるだろう。
それは、「自分なんて相手にされない」とか「自分とは頭のデキが違う、人種が違う」などと一方的に思い込んでいるからではないだろうか。

私もかつて劣等生だったときに、優等生たちを「勉強だけのつまらない連中」と小馬鹿にしていたことがあるが、実際に話してみると全然違っていてびっくりしたものだ。

優等生がどんなことを考えているのか、なぜ勉強ができるのか、どうすればそんなに勉強をやる気になれるのか。キミにも興味がないわけではないはずだ。

そうであれば、キミのなかにある優等生の“負のイメージ”を取り払って、気軽に声を掛けてみてほしい。

優等生のなかには性格が悪い奴もいるだろうが、一般的には真面目で素直な子が多い。声を掛ければ普通に話してくれるだろうし、きっかけさえあれば仲良しにもなれる。

ステップの冒頭でも述べたように、私の場合はそれで随分と助けられ、劣等生から抜け出すことができた。

別に魂胆があって近づくわけではない。ただ、彼らに接して学べることがあれば、おおいに学んでほしいと思う。

Tips

“勉強否定派”の価値観に染まらないように

いわゆる“不良グループ”は、「今が楽しければいい」という刹那《せつな》的な価値観を共有していることが多い。彼らと仲良くするのは自由だが、勉強を否定する価値観に安易に組み込まれないように注意しよう。

idea 55

目標となる
よきライバルを見つける

スポーツをやっている人、スポーツ観戦が好きな人なら、ライバルの存在がいかに重要かを知っているだろう。

ところが“受験のライバル”となると、スポーツと違って負のイメージをもたれることが多い。

これは、テレビやマスコミの責任が大きい。

学園ドラマでは、不良たちはみなイケメン、勉強ができなくても純粋で心の優しい人間、進学校の優等生は冷酷で性格がねじ曲がった“きもい奴”として描かれる。

しかし、実際にはそんなことはない。性格がねじ曲がっているのは、むしろ圧倒的に不良に多い。

“受験のライバル”も、マスコミの手にかかると「お互いを蹴落とすことしか頭にない歪《ゆが》んだ関係」に貶《おとし》められてしまうが、これも大間違いだ。
「自分以外はみんな敵、まわりはみんな蹴落《けお》とすべきライバル」などと考えている受験生はほとんどいない。
同じ目標に向かって切磋琢磨《せっさたくま》する、お互いを認め合い高め合える。スポーツでも受験でもまったく同じだ。キミも、勉強で目標となるよきライバルを見つけてほしい。
別に「今日からキミがライバルだ」と宣言することはない。心のなかで「この人を目標に頑張ろう」「この人に認められたい」と思うだけでもいい。
キミが成長して勉強で張り合えるようになれば、相手も敏感に察知するだろう。ライバルの存在によって、心の張りが全然違ってくる。

Tips

味方は同じ学校の仲間、敵は“他校の生徒”と考える

受験に成功するには“相互扶助《ふじょ》の精神”が欠かせない。自分の学校の仲間はみんな味方だ。あえて受験で“敵”をつくるとするなら、それは“他校の生徒”だ。外に“敵”をつくることで内部の結束力はいっそう高まる。

STEP 3

連帯感をつくり出す

最近は、家に帰ってまったく勉強しない高校生が増えていると言われている。確かに学習時間の国際比較調査でも、日本の高校生は諸外国の高校生に比べて家庭学習の時間が少ない。

ただ、家で勉強をしないかわりに、学校の自習室などを利用して勉強をする高校生が増えている印象もある。私が学習アドバイスで関わっているある私立高校でも、かなり遅くまで自習室を解放し、教師にいつでも質問できる環境を整えるなどの努力をしていることもあって、入試の時期になると多くの生徒が自習室で勉強するためだけに登校する。

彼らに聞いてみると、「家でひとりで勉強するより学校の自習室のほうが勉強に集中できる」「みんなと一緒に勉強するほうがやる気になれる」と口をそろえて言う。

「みんなが頑張っているから自分も頑張れる」という感覚はキミたちも理解できるだろう。近年、心理学の世界でも「集団内での暗黙の動機づけ」として注目されている。人間の動機は、自分が属している集団の影響を強く受けるということだ。

このステップでは、「集団内での暗黙の動機づけ」を活用したやる気アップの人間関係術を紹介する。難しく聞こえるかもしれないが、要は「みんなで一緒に受験勉強を頑張る一体感」をつくり出していこう、ということだ。

仲間との一体感を高める人間関係術

idea 56
わからないことは、教師より先に友人に聞く

idea 57
仲間と分担して定期テストを乗り切る

idea 58
“いい情報”は独り占めしない

idea 59
友人と一緒に勉強する日を決めておく

idea 60
“勉強サークル”を仲間と立ち上げる

idea 56

わからないことは、教師より先に友人に聞く

勉強していてわからないことがあったとき、誰に質問しているだろうか。

教師に聞く。もちろんそれでいい。やはり、“科目のプロ”に質問するのが一番確実だ。

しかし、教師に質問に行く前に、クラスの友人や、その科目が得意な仲間に聞いてみるのもいい。

仲間同士で勉強を教え合う習慣がないと質問しにくいだろうが、最初だけちょっと勇気を出してみよう。

いきなり質問される側はびっくりするかもしれないが、人から頼りにされて悪い気がすることはない。よほど変な性格でない限り、親切に教えてくれるだろう。

こうしたことがきっかけで、クラスのなかで気軽に勉強を教え

合えるような雰囲気が生まれると、「みんなで一緒に頑張ろう」という意識、一体感が強まってくる。
クラスの仲間に質問してみると、時として教師よりもわかりやすいことがある。
「ここは理解するのに苦労するよね」とか「理解できなくても、ここは丸暗記するしかない」などと、教師とは違った視点、自分により近い目線で教えてくれるからだ。
これも友人に質問するメリットのひとつと言える。
仲間同士で解決できなければ教師に聞く、あるいは教師に質問しても納得感が得られないときはクラスの仲間に聞く。こうすることで、理解の幅も広がっていく。
クラスのなかには、教師に質問したくても性格的にできない人もいるだろう。気軽に勉強を教え合う習慣ができれば、そういう人も救われる。
「困ったときはお互いさま」。相互扶助の精神で受験を乗り切っていこう。

Tips

仲間に教えられるように得意科目を頑張る

いつも仲間に助けられてばかりでは気が引ける。自分も仲間の役に立ちたいなら、とにかく自分が得意な科目の勉強を頑張って、質問に答えられるようになればいい。仲間のために勉強するという意識も大切だ。

idea
57

仲間と分担して定期テストを乗り切る

仲間との一体感をつくり出すには、目標を共有することが欠かせない。目標がバラバラではまとまらない。
メンバーの間で“ギブ・アンド・テイク”の関係をつくることも大切だ。自分は何もせず仲間に頼りっぱなしでは、仲間との一体感は出てこない。
もうひとつ、各メンバーがそれぞれ明確に役割をもつことも必要だ。「頑張らないとみんなに迷惑がかかる」という責任感から、いやでもやる気になる。
これらの条件を満たしつつ、手近なところで一体感を高めるステップとして、定期テスト対策を利用できる。数人の仲間に声を掛けて、対策チームを結成するのだ。
科目別に担当者を決め、試験に出そうなところをノートにまとめて配布する、優等生のノートを借りてコピーする、など、いつもひとりでやっていることを分業化する。
これは大学生になれば経験するだろうが、「試験対策委員会」などと称して当たり前のようにやっていることだ。
対策チームを組めば、ひとりで勉強するより格段に効率よく勉強できる。それでみんながテストでいい結果を出せれば、さらに一体感が強まる。
試してみない手はないだろう。

Tips

対策チームの“労作”はほかの人にもおすそ分け

対策チームでつくった資料やプリントは、メンバーの了解を得て、クラスのほかの人にも“おすそ分け”しよう。メンバーの結束が固くなるのはいいが、ほかの人を排除するような狭い了見はみっともない。

idea 58

“いい情報”は独り占めしない

受験は情報戦だ。勉強の効率的なやり方や力がつく参考書など、「知っているか知らないか」だけで差が出る。
最近は、インターネットや受験産業の発達などで、都会と地方の情報格差が少なくなっていると言われている。
しかし、地方の高校から有名大学に受かった学生に聞いてみると、都会の進学校の生徒には「こんなこと常識だろう」という情報も、地方には意外に伝わっていないと言う。
もしキミがとっておきの情報、みんながあまり知らない最新情報を手に入れたときは、独り占めしようなどという狭い考えは捨て、仲間にも教えてあげてほしい。
いい情報を仲間で共有することで一体感が強まる。メリットはそれだけにとどまらない。

流した情報が仲間の役に立って感謝されれば自分もうれしいし、逆に仲間からもいい情報が伝わってくるようになる。

「情けは人のためならず」という格言がある。

これを「人に情けをかけても相手のためにならない」と間違った解釈をしている人が多い。本来の意味はこうだ。

「人のためになることをしてあげると、それがめぐりめぐって結局は自分のためになる」

受験情報の“共有化”も、まさに同じだ。これは、受験に関する情報だけに限ったことではない。

「ねえねえ、『情けは人のためならず』ってどういう意味だか知ってる？」など、ちょっとした“マメ知識”や“ウンチク”の類も、クイズ感覚で共有するのは楽しい。

こういう知識が、現代文の問題を解くときに役立つことも実際にある。何が幸いするかわからない。

共有する情報の幅を広げておいて損をすることはない。

Tips

同じ大学を目指す仲間との情報交換を大切に

受験という大枠の共通目標があっても、受ける大学は人それぞれで違う。受験情報の共有化は、やはり同じ大学を目指している仲間同士のほうが有益だ。ここでも「相互扶助の精神」を大いに発揮してほしい。

idea

59

友人と一緒に勉強する日を決めておく

私が高校生のころは、気の合った仲間同士でときどき“勉強合宿”を行なっていた。
特別なことをするわけではない。誰かの家に集まって一緒に勉強するだけのことだが、ひとりで勉強するより新鮮でやる気も出て、快調に勉強がはかどった。
もっとも、最初のうちはよかったのだが、やがて勉強そっちのけでおしゃべりしたり、ゲームに興じたりする時間のほうが長くなり、自然消滅してしまった記憶がある。
そういうことさえなければ、“勉強合宿”はやる気アップにもつながり、仲間との一体感を高めるにも役立つ。
あまり頻度を多くするとダレてくるので、月に1、2回、友人と一緒に勉強する日をつくってみるのもいい。

誰かの家に集まってもいいのだが、経験的に仲のよい友人と狭い勉強部屋にいると、ついついおしゃべりや遊びに走りがちなので、できれば別の場所がいいだろう。

最近は、図書館での自習が禁止になっているところも増えているようだが、自習ができる公共施設が近くにあれば、そこを利用するのがお勧めだ。

お互いに席はバラバラで、それぞれ別の勉強をしていても、空間を共有しているだけで、「一緒に頑張っている」という意識、一体感が得られる。

「あいつも頑張っているから、自分も頑張らなきゃ」という気になる。

疲れたときは、休憩室や外に出て友人と雑談すれば気分転換になるし、わからないところを教え合うこともできる。

近くに公共の自習施設がない場合、たとえば友人が予備校に在籍しているなら、予備校の自習室にもぐり込ませてもらったり、ファミレスを利用したりするのもいい。

Tips

“ファストフード勉強”は気分転換を兼ねて

ファストフードの店内で仲間と勉強している高校生の姿をよく見かける。勉強に集中できる環境とは言えないので、基本的に長居をする場所ではないが、気分転換を兼ねた“プチ勉強会”としてなら悪くない。

idea
60

“勉強サークル”を仲間と立ち上げる

最近、著者冥利《みょうり》につきるうれしい話を聞いた。
私の受験本の読者だったという女の子が、高校在学中に仲間と一緒に「コツコツ会」というのを結成して、みんなで東大を目指して頑張っていたというのだ。
彼女自身は現役合格には失敗したが、５人のうち３人が現役で東大に合格、彼女ともうひとりは一浪して見事に東大に受かっている。これはすごいことだ。
入会も退会も自由、「来る者拒まず、去る者追わず」がモットーの“ゆるやかな結束”のなかで、同じ目標を目指して頑張ろうという意識を高めるのが目的の会だったそうだ。
もちろん情報交換をしたり、助け合ったりはしただろうが、それだったら別に会を結成しなくてもできる。会を結成する意味はほかにある。
「コツコツ会」でも「頑張ろう会」でもなんでもいいのだが、とりあえず会のネーミングを決め、メンバー同士で「これから一緒に頑張っていこう」と確認し合う。
たったそれだけのことでも濃密な関係性が成立し、「集団内での暗黙の動機づけ」が強力に機能する。
キミも親しい友人に声を掛けて、“勉強サークル”を立ち上げてみてはどうだろうか。
ひとりの力など、たかが知れている。しかし、目標を共有する仲間が集まれば、巨大なエネルギーが生まれる。
１＋１が３にも４にもなる。
その熱源からパワーとやる気をもらって頑張るのだ。

Tips

“勉強サークル”で特別な活動をする必要はない

勉強会の存在は隠す必要はないが、無理に公表することもない。特別な活動をするわけでもなく、拘束力があるわけでもない。実態がなくても「心でつながっている」感覚を共有できれば、強い一体感が生み出される。

第5章

「勉強が苦にならない自分」をつくる発想術

「充実感」を
味わうことで、
自分の内側から
やる気がわいてくる！

✴

“アメとムチ”が
なくても勉強ができる!?

「これをやっているときの自分が一番充実している」。キミにとっての「これ」とはなんだろう。部活、ゲーム、読書などさまざまだろうが、共通するのは「楽しい」「おもしろい」「気持ちいい」「ワクワクする」といった感情が、自分の内側から自然にわき上がってくることだ。

誰かに強制されるわけでもなく、なんらかの報酬を期待するでもなく、自発的に何かをする。「楽しいからやる」「おもしろいからやる」のように、自分の内面に深く根ざした動機ほど強いものはない。心理学ではこれを“内発的動機”と言う（それに対して、「ごほうびがもらえるから勉強する」のような外からの刺激による動機を“外発的動機”と言う）。

「英語が楽しいから勉強する」「数学の世界がおもしろいから勉強する」。本当ならそうなるのが一番いい。実際にこうした内発的動機で勉強している人もいる。好きな科目や得意科目はそれに近い感じで勉強できているかもしれない。

しかし、勉強自体をおもしろいとは思えない、やりたくないけど仕方なくやっている、という人のほうがやはり多いようだ。そういう人でも、とにかく勉強に手がつきさえすればいい。“アメとムチ”を利用してやる気が出ればいい。最初のうちは外発的動機で勉強していても、そのうち勉強自体が本当におもしろくなってくることもある。そうなれば万万歳だ。

キミがそうなれるかどうか、私にはわからない。しかし、「そのうちおもしろくなる」のをただ待つのではなく、「おもしろくなれるように努力する姿勢」をもつことも大切なことだ。

「成長している自分」を実感できれば楽しい

「すぐに勉強がおもしろくなる」「明日からでも勉強が楽しくなる」ようなノウハウは残念ながらない。しかし、頑張って勉強していると、たとえ一瞬でも「楽しい」「おもしろい」と思えることがキミにも出てくるだろう。

「解けない問題が解けるようになった」「わからなかったことが理解できた」「少しずつ成績が伸びてきた」……。素直にうれしいと思うのは、「以前より成長した自分」を実感できるからである。“ノルマ消化の達成感”とはまた違う、内面により深く根ざした「充実感」を得られる。さらに成長したいという気持ちが強くなる。これを“充実の法則”と名づけたい。

“勉強の内容”におもしろさを感じられなくても、勉強を通じて自分が確実に成長していると実感できれば、「勉強すること」に楽しさやおもしろさを見出せる。

医者になりたい、弁護士になりたいなど、明確に将来のビジョンをもっている人なら、今やっている、あるいはこれから始めようとしている受験勉強が、ビジョンの実現に欠かせないプロセスであることを十分に理解できるはずだ。

今の段階で「将来やりたいこと」が決まっていない人も、受験勉強が人生を充実させるステップになる。ここで頑張って自分なりに満足できる結果を残せば、何をするのでも「努力すれば実現できる」と前向きに考えられるようになる。「やりたいこと」が見つかれば、その実現のために「何を、どうすればいいのか」を自分で見つけ出すことができる。

よく考えれば、これは受験勉強そのものである。と同時に、人生を充実させるための方法論にも通じている。

今の自分は確実に“将来の自分”につながっている。今の自分を充実させられなければ、将来の自分も充実しない。そういう大きな観点に立ってみると、受験勉強を頑張ることが「自分の成長」に欠かせないということを実感できるだろう。

「自分」にこだわって
人生を充実させよう！

これまでやってきた“学校の勉強”は、多かれ少なかれ、「人にやらされてきた感」があるのではないだろうか。しかし、受験勉強の主役は「自分」だ。目標を自分で決め、それを達成する方法も自分で考えて選択する。「自分が決めたこと」だから頑張らなくてはならないし、「自分で選んだやり方」だからこそ頑張ることができる。これもまた“充実の法則”だ。

この章では、“充実の法則”をいかに適用して“頑張れる自分”をつくるか、そのヒントとなるノウハウを紹介していく。この本では最終章だが、キミにとっては、キミの人生を充実させる“旅立ちの章”になることを願っている。

STEP

1

勉強を おもしろくする

「英語は好きだけど、成績はいまひとつ」という人は、成績が伸びれば英語がもっと好きになり勉強も楽しくなるだろう。英語が好きでない人も、頑張って“伸びている実感”をつかむことができれば、少なくとも英語の勉強がいやではなくなる。これはとても大きな進歩だ。

「昨日より少しは進歩している」「一年前に比べればかなり成長した」……。頑張って勉強した結果として、過去の自分より“今の自分”のほうが充実している。その感触があれば、たとえ勉強自体におもしろさを見出せなくても「勉強する」ことが楽しく思えてくる。少なくとも苦にならなくなる。

さらに一歩進めて、“将来の自分”に思いを馳《は》せてみよう。3年後の自分、10年後の自分がどうなっているか。今はまだわからないが、さまざまな可能性がある。あるとき突然、数学に目覚めて数学者の道を歩むかもしれない。一流企業に就職していきなり海外プロジェクトを任されるかもしれない。

今のキミには、そうした可能性の芽を摘まないようにすることが大切だ。希望する大学を目指して受験勉強を頑張る。希望する大学の先には「希望に満ちた人生」が待っている。未来からさかのぼって今の自分を眺め、今やっている勉強に意味を見出す。これが“充実の法則”のファーストステップだ。

受験勉強と充実感を結びつける発想術

idea 61

興味・関心のある分野の本を月に1冊ずつ読む

idea 62

なぜ勉強するのか、自分なりの答えを出しておく

idea 63

受験のゴールを“人生のスタート地点”と考えよう

idea 64

受験勉強で身につく能力が社会でも役に立つことを知る

idea 65

今から10年後までの“自分計画”を立てる

idea

61

興味・関心のある分野の本を月に一冊ずつ読む

「小さいころはピーマンが苦手だった。でも、今は全然大丈夫。むしろ好きになった」

苦手だった食べ物がそうでなくなる。今苦手なものでも、もしかしたら好きになるかもしれない。「食わず嫌い」はよくあることだ。

勉強が嫌いな人やおもしろいと感じない人も、実は「食わず嫌い」なだけかもしれない。ちょっとしたきっかけで、興味をもったり好きになることもある。

確かに教科書は無味乾燥でおもしろ味がないが、教科書はその科目の「基礎」を羅列しただけで、「おもしろさを伝える」ことを目的としていないので仕方がない。

勉強のおもしろさや奥の深さに触れようと思ったら、たとえば数学者の書いたエッセイや、最先端の学問を素人にもわかるように書かれた本を読んでみるといい。
書店には新書コーナーがある。一般の新書は高校生でも十分に読みこなせる。別に数学や英語に関連する本でなくても、興味や関心のある分野の本を手に取ってみよう。
たとえばアニメが好きな人は、アニメの歴史について書かれた本を読んでみる。歴史ゲームが好きな人は、戦国時代について書かれた本や武将列伝のようなものを読んでみる。
知識の幅が広がると、また別のおもしろさを発見できる。
たとえば、アニメからコンピュータグラフィックスやコンピュータのプログラミングに興味の対象が移り、そこから論理学や数学のおもしろさにたどり着くこともあるだろう。
受験勉強にも知識の幅を広げる楽しさや充実感がある。
まずは受験勉強以外のところでそれを実感することで、勉強におもしろさを感じ取れる"回路"を用意する。
いつでも勉強が好きになれる準備を整えておくのだ。

Tips

尊敬する人の自伝や評伝を読んでみよう！

一流と呼ばれる人の物の見方や発想法、人生観などを知るのも楽しい。スポーツ選手でもアーティストでも、尊敬する人や興味のある人物がいたら、自伝や評伝を読んでみよう。刺激やパワーをもらえるだろう。

idea
62

なぜ勉強するのか、自分なりの答えを出しておく

「なぜ勉強するのか」。勉強の意味や勉強することの価値を見出せれば、勉強も苦ではなくなる。
勉強の意味については、いろいろな人がいろいろなことを言っている。「そうかな」と思うこともあれば、ピンとこないこともあるだろう。
人から言われて「なんとなく納得する」より、自分なりの答えを出すほうがスッキリとした気持ちで勉強に向かえる。
「将来やりたいことを実現させるため」でも「大学でたくさんの友人をつくるため」でもいい。「ブランド大学に受かればモテるから」という理由だって悪くない。
自分が本当に納得できる答えならなんでもいいのだ。
ただ、ひとりでジッと考え込んでいても、簡単には答えが出て

こないかもしれない。
いろいろな人の意見を聞いてみて、そこから自分なりに考えたり調べたりする。そのくらいはやってみてほしい。
たとえば、「大学くらい出ていないと食っていけない」と親や教師に言われても、今の時代、大学に行かずにフリーターになっても食っていけるじゃないかと思う。
そう思ったら、フリーターについてちょっと調べてみる。
彼らの年収、生活の様子、将来に対する意識など、ネットで検索すればいくらでも資料が出てくる。
自由で気楽に見えるフリーターも、その悲惨な現実を知ると「ヤバい」と思うだろう。だったら「フリーターにならないために頑張って勉強する」でもいい。
私は、「人生の選択肢を広げるための受験勉強」ととらえている。これをどう解釈するかはキミしだいだ。
就職事情や国家資格合格者数など、大学卒業後の進路を調べてみれば、おのずと自分なりの答えが見つかるだろう。

Tips

“否定形の願望”から勉強の意味を見出す

勉強を「夢を実現するための手段」ととらえるのはいい。現代の格差社会では、「ニートになりたくない」とか「低く見られたくない」という“否定形の願望”から勉強に意味を見出すのも、現実的で身に迫るものがある。

idea

63

受験のゴールを “人生のスタート地点” と考えよう

一所懸命打ち込んでいた部活を引退する。頑張って準備した学園祭や文化祭などが終わる。心にポッカリ穴があいた感じがして、何もする気力がなくなってしまうことがある。
たいていの場合は、しばらくすれば立ち直って気力も復活してくる。しかし、心のなかに虚《むな》しさがずっと残って一種のうつ状態が続くこともある。
また、一所懸命に頑張ってある目標を達成したとき、思っていたほどの満足感を得られずに無気力状態になることもある。これを、“燃え尽き症候群”と言う。
受験が終わって“燃え尽き症候群”になる人もいる。親や学校の言われるままに志望校を決め、言われる通りに勉強をして受かってしまうような人に多い印象がある。

しかし、「自分のために頑張る」「人生を充実させるために頑張る」という意識で受験勉強に打ち込んできた人は、そうそう簡単に“燃え尽き症候群”にならない。
受験勉強のゴールは志望校に合格することだが、受かった瞬間、すでに次なる目標への第一歩を踏み出している。
今の段階で将来やりたいことが見えない人は、それを見つけることを次なる目標にすればいい。
「受験のゴールは次なるステップに進むスタート地点」
そう考えれば、「受験勉強を頑張る自分」にも充実感を得られるだろう。

Tips

“なりたい自分”と“ありたい自分”を思い描く

将来が決まらない人は、「お金持ちになりたい」でも「人の役に立てる自分でありたい」など、“なりたい自分”“ありたい自分”をイメージしてみよう。そこから具体的な職業が見えてくるかもしれない。

idea
64

受験勉強で身につく能力が社会でも役立つことを知る

「受験勉強なんて社会に出たらなんの役にも立たない」
そんなことを言う大人が少なくない。
「確かにそうだよな」と簡単に納得しないでほしい。
実は、受験勉強を頑張ることで、社会で生きていくために必要とされる能力の多くが身につく。
受験勉強で暗記した内容が社会に出て役に立つかどうかはわからない。しかし、受験勉強で身につけた暗記法、勉強のノウハウなどはすぐにでも仕事に活かせる。
たとえば、キミが営業の仕事に就《つ》いたとする。
自社商品の名前や種類、機能などを暗記して、きちんとお客に説明できるようにしなければならない。受験生時代に身につけた効率的な暗記術がさっそく活きる。

企画書を書くために、インターネットで海外の資料や文献に目を通す。受験勉強で鍛えた英語の速読力や要約力がここでもさっそく活きる。
売り上げ目標になかなか届かない。営業の能力がないのではなく、売り方に問題があると考えてやり方を変えてみる。営業成績のいい人から売り方のコツを聞き出す……。
これらは受験勉強を通じて身につく能力だ。
自分で目標を立て、それを達成するために「何を、どうすればいいか」を考え実行する。自分のもっている知識を使って推論しながら問題解決の糸口を見つける……。
「目標設定能力」や「計画立案能力」「計画遂行能力」「問題解決能力」など受験勉強で身につけた能力は、社会に出て仕事や研究をするときにも必ず役立つ。
仕事が充実すれば、人生も充実する。
受験勉強を頑張ることで、人生を充実させるための能力やノウハウも手に入れることができるのだ。

Tips

“受験勉強の効用”をもっと知りたい人は……

受験勉強で培った知識や能力は、大学生や社会人になってからの勉強にも役立つ。どんな能力が身につき、どう役立つのかを詳しく知りたい人は、拙著『「反貧困」の勉強法』（講談社＋α新書）を一読してほしい。

idea
65

今から10年後までの“自分計画”を立てる

今から10年後のキミは、どこにいて、何をしているだろうか。
「そんな先のことはわからない」と思うかもしれないが、実は意外に近い将来だ。
大学を卒業して4、5年で、20代の後半にさしかかるころ。企業に就職した人は、仕事の内容もわかってバリバリ働く若手社員のひとりになっている。
大学に残って勉強や研究を続けている人もいるだろう。あるいは、ベンチャー企業を立ち上げて「時代の寵児《ちょうじ》」ともてはやされているかもしれない。そう考えてみると、今のキミにはいろいろな人生の選択肢がある。
何にでもなれる可能性があるのだ。
数ある選択肢のなかから「こうなりたい」と思うものを選び、

今から10年先まで1年ごとの“自分計画”を立ててみよう。
入試に受かるまでの毎年の目標、大学在学中にやりたいことや取っておきたい資格試験、卒業後の進路、会社や研究室に入ってからの自分の目標などを書き出していく。
今から10年後までの計画表には、現在を含めてもたかだか11の記入欄しかない。夢でも願望でも、あるいは現実的で堅実な目標でもいい。とにかく“11の空欄”を埋める。
でき上がった計画表を眺めてみよう。
今の自分は“10年後の自分”と確実につながっている。
今を頑張ることが「自己実現」へのステップとなる。そのことを実感できれば、勉強に取り組む姿勢もより前向きになる。

Tips

“別の選択肢”による計画表もつくってみる

今見えている人生の選択肢はいくつもある。ひとつだけでなく別の選択肢による“自分計画”も一緒に立ててみる。「どの選択肢でも選べる自分」をつくっておくために今頑張る。そういう意識をもてるようになるだろう。

STEP

2

自分を主役にする

「高校生」と「受験生」は何が違うのか。私なりの定義を示すと、主役が誰かによって決まる。教師の言われるままに勉強しているうちは「高校生」（主役は教師）、自分で志望大学を決め、自分で計画を立てて勉強できるようになったら「受験生」（主役は自分）というわけだ。

「親がうるさいから勉強する」「教師がこうしろと言うからその通りにやる」。これでは他人のために勉強しているようなものだ。本気になれなくても仕方がない。うまくいかなくても他人のせいにできる。

しかし、"自分が主役"の受験勉強は、何をするのでも自分で考えて決める。自分で決めたことだから、結果に対する責任は自分が負わなければならない。だからこそ頑張って結果を出そうと必死で努力する。

決めるのも自分、やるのも自分。"人生の舵《かじ》取り"を任せられるのは、自分以外にはいない。自分の努力しだいで人生や運命を変えられる。荷は重いが、その分やりがいがある。生きている充実感を味わえる。キーワードは“主役意識”だ。

「受験勉強の主役は自分だ」という強い意識を植えつけることで強力なターボエンジンを手に入れる。これが“充実の法則”から導く第2ステップになる。

“主役意識”を植えつける発想術

idea 66
“人と違う”ことを恐れなくてもいい

idea 67
志望校は納得のいくまで調べて決める

idea 68
学校のやり方に従う必要はない

idea 69
よい結果は自分のおかげ、悪い結果も自分の責任

idea 70
自分が生きていく社会の“現実”を知る

idea
66

“人と違う”ことを恐れなくてもいい

「まだみんな勉強していないから、自分もやらない」
「仲間が予備校に行き始めたから自分も行こうかな」
人と同じことをやっていれば安心する。逆に、自分だけみんなと違うと不安になる。その心理はよくわかる。
だが、みんなと同じことをして、みんなと同じ結果になるとは限らない。むしろ違うことのほうが多い。
たとえば､みんなと一緒に同じ予備校の同じ講座を選択しても、伸びる人と伸びない人がいる。みんなと同じ参考書を使っていても、テストの結果には差が出てくる。
キミが本気で勉強を頑張ろうと思ったなら、「自分は自分なりのやり方でいく」とひそかに決意しよう。
ほかの人と違っていても、不安になることはない。

恐れることはない。

人と同じやり方で失敗するくらいなら、自分のやり方で失敗したほうが納得できる。自分の信じたやり方で結果を出せれば、ものすごい自信になる。

受験勉強の“主役”は自分だ。

志望校は自分で決める。人と違うのは当たり前。

受験計画も自分で決める。志望校が違えば受験計画の中身も変わってくる。

参考書も自分で決める。同じ参考書でも、人によって合う合わないがある。これも当然だ。

もちろん、人のやり方を参考するのはいい。

自分に向いていると思えば人のマネをしてもいい。

それを決めるのは自分自身だ。「不安だから人のマネをする」というのとは違う。

受験では、とことん自分にこだわれる人が強い。

「自分へのこだわり」は“主役意識”から生まれる。

こだわりがあるから、自分をあきらめないで頑張れるのだ。

Tips

「人と違う」からチャンスがあると考えよう

学校の成績は中位なのに、上位層でも落ちる難関大学にポッと入ってしまう人がどこの学校にもいる。聞いてみると独自の勉強法を貫いてきた人が多い。人と違うからこそ、逆転のチャンスをものにできたのだ。

idea 67

志望校は納得のいくまで調べて決める

志望校は自分で決める。自分で決めなければならない。
当たり前のことだが、それができない人が多い。
偏差値ランキング表を見ながら、“行けそうな”大学を見つけて志望校にする（偏差値が志望校を決めている）。
進路指導の教師から「この大学は厳しい」「この大学なら安全圏」などと言われ、安全と言われた大学名を進学調査表に書き込む（教師が志望校を決めている）。
偏差値を一応参考にする。教師の助言にも耳を傾けてみる。
そのこと自体は悪くない。
しかし、最終的に「ここに行きたい」という志望校を決めるのは自分だ。
自分の将来、自分の人生は自分で決める。

志望校選びはその最初のステップでもあるのだ。

「絶対にこの大学に行きたい」と思えるまで、自分で徹底的にその大学を調べてみよう。

どんな特色のある大学か。どんな教授がいるのか。どんなサークルがあるのか。施設は充実しているか。卒業後の進路状況はどうか。カリキュラムはどうなっているか……。

納得のいくまで調べるうちに、「ここに行きたい」という思いがだんだん強くなってくる。

自分で決めたことだから、あきらめたくない。

自分で決めたことだから、頑張らないわけにはいかない。

この“主役意識”が強烈なパワーを生み出す。

Tips

大学のキャンパスを下見しよう！

進学雑誌やネットで調べるだけではなく、実際にその大学を訪ねてみるといっそう納得感が得られる。実際にキャンパスを歩きながら、身体全体で大学の雰囲気を感じ取ろう。“足で稼ぐ情報”に勝るものはない。

idea
68

学校のやり方に従う必要はない

毎日真面目に学校に行く。真面目に授業を聞く。真面目に宿題をこなす。真面目であることはよいことだが、その“真面目さ”にも２種類ある。

ひとつは、ルールを守る、上から言われた仕事をきちんとこなすなど、“与えられた役割を忠実に果たす真面目さ”だ。

この種の真面目さは組織の秩序を乱さず、社会からも歓迎される。「日本人は勤勉だ」と外国から賞賛されるのも、日本人が昔からこうした真面目さをもつ民族だからである。

もうひとつは、“自分に対する真面目さ”である。

自分の気持ちに嘘をつかない、自分の言動に責任をもつ、自分がやると決めたことをきちんと実行する……。

人間が生きていくうえでは、どちらの真面目さも必要だ。

しかし、こと受験に関して言えば“自分に対する真面目さ”をもっと前面に出したほうがいい。
何度も言うが、受験勉強の“主役”は自分だ。
自分の考えた計画、自分で決めたやり方で、自分で決めた志望校を目指す。
たとえそれが学校の方針に反していたとしても、“自分に対する真面目さ”を優先させよう。
確かに、基礎力がつくまでの間は、学校のやり方に従う“真面目さ”も必要になるだろう。しかし、そのあとの志望校対策の段階に入ると、もう学校はアテにできない。
そもそも学校では、一人ひとりのレベルや志望校に合わせたカリキュラムを組んでくれない。だから、自分で計画を立て、自分でやり方を工夫して勉強しなければならない。
「自分が主役」の受験勉強を始める段階に入ったら、“真面目モード”のスイッチを切り換える。
“自分に対する真面目さ”をオンにすれば、やる気も全開モードになる。

Tips

反抗ではなく“学校からの自立”と考えよう

自分のやり方を貫くと、学校に逆らうようで気が引けるかもしれない。しかしこれは反抗ではない。「学校から自立する」ということだ。“親離れ”も“学校離れ”も、大人になるための通過儀礼なのである。

idea 69

よい結果は自分のおかげ、悪い結果も自分の責任

物事には原因と結果がある。
「自分が勉強をサボったから成績が下がった」
「自分が必死に頑張ったから志望校に受かった」
結果がよくても悪くても「原因は自分にある」と考えられるようになれば、キミはもっともっと成長する。
なんでも人のせい、環境のせいにしていると、そのうち「自分」がなくなってしまう。それが恐い。
「文化祭の準備が忙しくて勉強できなかった」
「教師の教え方がヘタクソだから苦手になった」
確かにそうかもしれない。しかし、忙しい合間をぬってちゃんと勉強している人もいる。教師の教え方がへたでも、わかりやすい参考書を見つけて独学で取り組んでいる人もいる。

他人のせいにしておけば自分は傷つかないですむ。しかしそれは、「自分」を消してしまうということでもあるのだ。
勉強のやり方に「こうしなければダメ」というルールはない。みんなとは違っていても、自分なりのやり方で成功できるのが受験勉強のおもしろさ、醍醐味である。
よい結果はすべて「自分の努力のおかげ」、悪い結果も「自分の努力不足」「自分のやり方が悪かった」。
原因をつくっているのは“ほかの誰でもない自分だ”という感覚があれば、成功したときは大きな自信になるし、失敗したときも「もっと頑張ろう」という意欲がわいてくる。

Tips

「自分がダメだから」と思ってはいけない！

結果が出ない原因を「自分がダメだから」、と自分を否定するのはよくない。「努力した結果」「努力不足の結果」というふうに、努力の量に原因を求めれば、より前に進もうとする気力が生まれる。

idea

70

自分が生きていく社会の“現実”を知る

過去最高の失業率、格差拡大、内定取り消し、年間の自殺者３万人以上……。世の中は暗いニュースであふれている。
しかし、どこか他人事のようで「自分には関係ない」と感じているのではないだろうか。
そうだとすれば、それはある意味でキミが幸せだからだ。
世の中には、経済的事情で大学進学をあきらめなければならない高校生もいる。家計を助けるために、働きながら夜間高校に通っている高校生もいる。
今は他人事でもすまされるだろう。
住む場所も食べるものも、親が用意してくれる。親に守ってもらえる。
しかし、近い将来、それもあと５、６年後には社会に出て、厳しい現実を生き抜いていかなければならない。
「就職できなければフリーターで食いつなぐさ」
脅《おど》すわけではないが、気楽にそう思っている人は、かなりの確率で本当にフリーターやニートになってしまうだろう。
一度でもフリーターになった人を、企業は正社員として積極的に雇《やと》おうとしない。フリーターから正社員になれる確率は非常に低い。これも大きな社会問題になっている。
こうした社会の厳しさを“他人事”としてしか感じられないのは、社会の「本当の現実」を知らない、あるいは知ろうとしないからではないか？
「自分」の力で厳しい社会を生き抜く。
頼りにできるのは「自分」だけ。
この主役意識が「受験勉強をする自分」と「社会で生き抜く自分」をリンクさせる。
まずは社会の現実を知ることから始めよう。
厳しい現実社会を知れば、勉強によって身を立てるしかないと思えるようになる。「イヤでも頑張ろう」という気になれる。

Tips

時にはビジネス系雑誌を読んでみよう

「フリーターと正社員の生涯賃金の差は３億円」。新聞やテレビは生々しい現実を伝えてくれない。よりリアルな社会の実態を知りたければ、『プレジデント』や『週刊東洋経済』のような経済誌を読んでみるといい。

STEP

3

期待に応える

プロ野球でもサッカーでも「ここで決めてくれ！」という場面でキッチリと期待に応えてくれる選手がいる。ヒーローインタビューでは「みなさんの声援が力になりました！」と観客を立てる挨拶をするが、これはあながち嘘ではない。

ローゼンタールという心理学者が、ある興味深い実験を行なった。小学生に知能テストをして、その結果を担任の教師にこう報告する。「将来成績が伸びそうな子の名前を、先生だけに教えましょう」。これは実はウソの報告で、実際にはテストの結果を見ずに、名簿からアトランダムに数人の生徒を選んで名前を告げたのだ。その一年後、驚くべきことが起きた。再度知能テストをしたところ、なんと名前を挙げられていた子は、そうでない子に比べて本当に成績が伸びていたのだ。

つまり、先生はその子たちに期待していた。人間は期待されることで、期待通りの結果を出す傾向があることがこの実験で確かめられた。これを「ピグマリオン効果」(または「ローゼンタール効果」)と言う。
「期待している」と直接本人に伝えなくても、期待されたほうは何かを感じ取る。「期待される」ことの緊張感や充実感が、期待に応えようとする自分に大きなパワーを吹き込む。充実の法則”の最終ステップでは、“期待感”からやる気を引き出すノウハウを紹介していきたい。

期待をエネルギーに変える発想術

idea 71
「期待されている自分」がいることを認める

idea 72
「自分はできる」と思い込む

idea 73
自分の志望校を秘密にすることはない

idea 74
自分の「いい面」を紙に書き出してみる

idea 75
“憧れの人”からパワーをもらう

idea 71

「期待されている自分」がいることを認める

今、キミは誰かに期待されていないだろうか。
自分に期待している人、自分を応援してくれる人がいれば、それに応えるために必死で頑張ろうとする。
だからと、いうのも変だが、自分に期待している人がいないか考えてみよう、とここでは提案したい。
周囲の期待があまりにも大きいと、プレッシャーに負けてしまうこともあるが、まあオリンピックに出るわけでもないので、その心配はキミにはいらない。
「特にこれといった取り柄もない。スポーツや勉強で目立っているわけでもない。むしろ全然目立たない。そんな自分に期待している人なんているわけない」
そうだろうか。いや、キミに期待している人は絶対にいる。気づいていないだけではないだろうか。
進路指導の教師、担任の教師はどうだろう。あり得ないと言うのなら、親はどうか。
キミがいくら否定しても、親はキミに期待している。
断言してもいい。子どもに何も期待しない親などいない。
勉強のことでなくても、「健康でいてほしい」とか「明るく生きてほしい」など、願いにも似た期待を子どもにかけている。
そのことは素直に認めてほしい。
認めたからといって、急にやる気が出てくるわけではない。ただ、少なくとも「自分に期待している人がいる」という事実をしっかり頭に刻み込んでほしい。
そうすれば、キミは必ずその期待に応えようと頑張る。
合格発表の日、キミは合格の知らせを真っ先に親に伝えるだろう。期待に応えられた喜びを爆発させるだろう。
「期待してくれる人がいる事実」を強く意識すれば、それだけ強い気持ちで頑張れる。これもピグマリオン効果の一種だ。

Tips

「期待してね」を口癖にしてみる

「メールするから期待しててね」「今度のテスト期待してね」。なんでもいいから「期待してね」を口癖にすると、“期待されている感”が高まって気持ちの張りが生まれる。自分をポジティブにする演出のひとつだ。

idea
72
「自分はできる」と思い込む

“自分を乗せる”のが上手な人がいる。
ゲームに乗ってくると「俺って天才だぜ！」と叫びながら次々と最高得点をマークしていく。なかなかうまい。
調子がよくても悪くても、何を聞かれても「ゼッコーチョー」の口癖で人気者になった元プロ野球選手がいたが、彼もまた自分を乗せるのが上手だ。
「自分ってイケてる」とか「自分、なかなかやるじゃん」などと、自分で自分をおだててみると、確かに気分が明るくなって、本当にそんな気がしてくる。
「それってただのお調子者」と思うかもしれないが、「勢いで勉強する」のもありだ。調子が出ない人、自信がなかなかもてない人は試してみる価値がある。

問題が解けたときは「いよいよ実力発揮だ」「ついに目覚めた」などと自分に言い聞かせる。
テストでちょっといい点がとれたら、「やっぱり自分はできる」「まだまだ実力はこんなもんじゃない」と念じてみよう。
「念じたことは実現する」
「実現できると強く信じ続けると、本当に実現する」
これもピグマリオン効果と呼ばれることがあり、スポーツの世界ではメンタルトレーニングに応用され効果を上げている。
自分で自分に期待し、自分の期待に応えるのだ。
うぬぼれでもいいから、「自分はできる」と思い込みながら勉強してみてはどうか。

Tips

“うぬぼれ”も度を過ぎると逆効果

勉強もせずに「やればできる」と念じても意味がない。ますます勉強が手につかなくなる危険もある。うぬぼれも度を過ぎると、「できない自分」から目をそらすために空想の世界に逃げ込むパターンにはまりやすい。

idea
73

自分の志望校を秘密にすることはない

キミは自分の志望校を人に知られたくないか、それとも知られても平気か。

最近は自分の志望校を友人や仲間に打ち明けず、合格発表があるまで誰がどの大学を受けたのかわからない、ということも少なくないようだ。

「どこの大学を受けようが、他人に知らせる必要はない」とクールに考えている人もいるだろう。

自分の志望校を人に知られるのが恥ずかしいのかもしれない。

最近やかましい個人情報保護の観点から、なんとなくそういう流れになっていることも考えられる。

無理にそうしろとは言わないが、親しい友人や仲間には自分の志望校を伝えておくほうがいいと私は思う。

秘密にするより、知ってもらうメリットのほうがどう考えても大きいからだ。
本当のことを言い合える関係のなかから仲間意識や一体感が生まれてくる。お互いの志望校がわかっていれば、より具体的な情報交換もできる。
もちろん、クラスの全員に知ってもらう必要はない。
なかにはおちょくったり、小馬鹿にしたりするような連中もいるだろう。そういうのは相手にするだけ損だ。
深く信頼し合っている友人にだけ打ち明ければいい。それは信頼の証でもある。
志望校は違っても相手にはぜひ受かってほしい。自分も頑張るから相手も頑張ってほしい。信頼し合っている友人や親友であれば、お互いに心からそう思えるだろう。
そんな“気持ちのやりとり”によって、友情もいっそう深まる。
より強いパワーを与え合うことができる。

Tips

“志望校宣言”で注目を集める

気が強い人、何を言われても平気な人は、堂々とクラスのみんなに志望校宣言をしてもいい。「身のほど知らず」とか「受かるわけがない」などの悪口や中傷も、すべてやる気のモトにする。受かって見返してやるのだ。

idea 74

自分の「いい面」を紙に書き出してみる

「ほめて伸ばすか、叱って伸ばすか」。これは、指導者の間では昔から議論されている定番のテーマだ。

結論から言うと、ほめたほうが伸びる人もいれば、叱るほうが伸びる人もいる。万人に通用する方法論はない。

ほめ方や叱り方の問題もあるが、「どちらがいいか」という二者択一の議論はあまり意味がない。

しかし、最近の親は昔ほど子どもを叱らなくなっている。

親に叱られた経験があまりない子どもを叱ると、萎縮して自信を失わせてしまうことが多い。

キミの場合はどちらだろう。叱られて「なにくそ」とやる気を出して這い上がるタイプか、ほめられることでもっと頑張ろうと思うタイプか。

もっとも、叱ってくれる人やほめてくれる人がいなければこんな話をしても仕方がないのだが、「自分で自分をほめる」「自分で自分を叱る」という手がないわけではない。

たとえば、自分で自分をほめる場合は、自分の長所、いい面を紙に書き出してみる。

誰に見せるわけでもないので、恥ずかしがらずに思っていること書き出す。

それだけでなく、「こういう自分でありたい」という願望も交えて書いていい。

「正義感が強い」「決断が早い」「明るい」「人を楽しませることが好き」「誰とでも仲良くなれる」「約束を守る」……。

書いた紙を見ると、「自分にも結構いいところがある」と思えてくる。次に立場をかえて、たとえば試験の面接官になったつもりで、その紙を“履歴書”だと思って見る。

「なかなかおもしろい。期待できそうだ」

自分で自分をほめているのに、誰かに期待されているような気がしてくるだろう。期待には応えなければならない。

Tips

自分の長所を直接人に聞いてみる

親でも友人でも教師でもいいので、「自分の長所ってどんなとこでしょう」と直接聞いてしまってもいい。人の長所を指摘するときは、「こうあってほしい」という期待感も含まれる。それが気持ちを前向きにしてくれる。

idea 75

“憧れの人”から パワーをもらう

大きな書店で私のサイン会が催されることがある。
受験生相手には「自分を信じよ！」という言葉を添えてサインをするのだが、さらにリクエストが入ることもある。
「僕、田中と言います。田中の名前も入れてください」
『田中君へ。自分を信じよ！　和田秀樹』
「あのう藤田です。握手してください。早稲田大学を志望しています。頑張れば受かると書いていただけませんか？」
『藤田さんへ。努力は報われる。頑張れ、君なら早稲田に受かる！　自分を信じよ！　和田秀樹』
私がサインした本や色紙を大事そうに抱えて帰っていく姿を見るのは著者冥利に尽きる。本当に頑張ってほしいと思う。
自分で言うのもなんだが、彼らは私からパワーを吹き込んでもらいたいために、わざわざ遠方から来てくれている。
それを考えると、頑張ってもっといい本を書かなければと思う。
私も彼らからパワーをもらっている。
私に憧れてほしいと言いたいのではない。
この人から励まされたら死ぬ気で頑張れる。そんな人に直接会える機会がもしあれば、何を置いても駆けつけよう。ひと言でもふた言でも声を掛けてもらおう。
自分のモデルとなる理想的な憧れの対象を、精神分析学では「理想化対象」と言う。理想化対象から励まされることで強烈なやる気がわきあがってくる。
"希望の法則"と"関係の法則"、それに"充実の法則"が三位《さんみ》一体《いったい》となった"最強の動機づけ"だ。

Tips

"身近な先輩"も理想化対象になる

受験に成功するには、受験の成功者を理想化対象にして頑張るのがベストだ。東大のような難関大学に受かった人が近くにいればいいが、努力して成功した人なら、高校の先輩などもっと身近な先輩でもいい。

あとがきにかえて

最後に、私が主宰する「緑鐵受験指導ゼミナール」の元受講生から届いたメッセージを紹介する。ここに描かれているのは、「やれそうにない自分」から「やれそうな自分」へと変わっていくＡさん自身の成長の記録でもある。それを一緒に追いかけながら、本書の内容とシンクロさせていく“共同作業”をもって、あとがきにかえたい。

✶

東北大学文系学部合格　Ａさん
（Ｎ県・私立）

東北大文学部１年生のＡです。緑鐵には高２の３月から１年間お世話になりました。私の受験勉強はほとんどその１年間だけで追い込みのような受験勉強でした。けっしてベストの勉強方法ではなかったと思いますが、私の経験が何らかの形でお役に立てばと思います。

1．受験勉強の始まり

緑鐵を受講することを決めたのは高２の冬でした。私の出身高は単位制で授業が少なく、大学よりも専門学校に進む人の方が多く、国立大に進学する人は非常に少ない高校でした。idea 50

→ *idea 50*
Ａさんの場合、勉強に専念できる環境を学校の「外」に求めたことが、結果的に自分を変えるきっかけになったとも言えるだろう。

東北大を志望校として考えるようになったのは、高2の夏のオープンキャンパスがきっかけでした。ただ、もともと大学進学希望ではあったものの、必死に勉強しても地元の国立大に入れるかどうかといった状態で、難関の東北大の合格レベルからはかけ離れていました。前述の通り学校では授業が少ない上に、私は中1の秋から中3の間まで全くといいほど勉強していませんでした（授業もさぼり続けでしたし、定期試験もろくに受けていませんでした）。中3になってやっと数学と英語の教科書に一通り目を通して高校を受験したぐらいで、当時の私にはセンター試験の5教科7科目など無謀としか思えませんでした。

idea 67

→ *idea 67*

実際にキャンパスに足を運んだことで、「行きたい！」という気持ちがいっそう強くなっている。足で稼ぐ情報に勝るものはない。

とにかく「勉強して損はないし、とりあえず準備だけしとくか」と思い、学校の進学希望者向けの授業を受け始めました（文系英語と古典の授業を受けたのですが、授業を通して英文法、英文読解、古典文法に馴染めたのは後々非常にためになりました）。それにしても自分の無謀さが恥ずかしくてならず、東北大を志望するという考えが浮かんでは「イヤイヤイヤ」と慌てて訂正する時期がしばらく続き、志望校の話になると「親戚が関西にいるんでそっちの方にいこうかと思ってます」と目をうろうろさせながら答えるような状態でした。

idea 62

→ *idea 62*

「なぜ勉強するのか」に対するAさんなりの「勉強して損はない」という答えも非常に立派だ。それがやる気にもつながっている。

高2の冬に和田先生の著書を読んでから私は本当の意味で受験生になったと思います。試験に対して持っていた「完答を目指さなければならない」というイメージが変わったことが非常に大きかったです。百点満点の手前に「合格点」があって、そこを目指すことなら自分にもできるかもしれない…。idea 29

そんなイメージがぼんやりとできて、まだビクビクしながらではありましたが、緑鐵の申し込みを書きました。

→ idea 29

「満点主義」から「合格点主義」への発想転換によって、無謀に思えたことが「自分にもできるかもしれない」に変わっていった。

申し込んだのはよかったのですが、スタートレベルチェックテストの時点で相当辛かったのを覚えています。国語、英語はともかく、数学は制限時間の2〜3倍の時間机の上でもがき苦しんだ結果、諦めました。たった1年でこれができるようになるわけがないと思いました。通信欄の最後に「志望校を変えたほうがいいでしょうか」を恐る恐る書きました。最初の返信が届くまでの1ヶ月半の間は、小・中学校の復習をしていました。idea 37、idea 43

→ idea 37
→ idea 43

「できない自分」を素直に認め、小中学校の復習からスタートしたAさんの判断は非常に的確だった。この期間にしっかり復習したことがのちの成功につながっている。

2．受験勉強を通して

この原稿を書くにあたって、受験期に使っていた手帳を見直してみました。和田先生の著書を読み、受験勉強を始めた昨年2月から今年の2月末、「東北大入試」の書き込みまで青い細字のボールペンでギッシリとその日やった勉強内容がメモされていました。idea 06 受験生の時は、勉強に疲れた折にこの手帳を広げて頑張った感を噛み締めたものです（私は「頑張ってるね」と褒められるとさらに頑張れる人なのでこの方法 idea 74 は有効でした）。

最初の最初は新鮮さもあってそれほど辛くは感じませんでしたが、全くやったことのないやり方の勉強を次第に辛く感じるようになりました。自分では勉強は苦にならない方だと思っていたので尚更でした。手帳の昨年３月のところに勉強以外の付記で「数列に入った！」、「ベクトルに入った」と書いてあるのですが、気がくじけそうになった時はこのような「やったよ」というメモを書き込むことで気持ちを切り替えました。idea 01、idea 02

１番苦しかった時期は夏休みだと思います。学校で進学希望者用の補講を１日受けて、通学時間と家で自分の勉強をしていたのですが、授業は通常授業と違い、少人数で当てられる確率も高いし寝てるとばれるし、授業時間も長くて辛かったです。

この頃から地理の勉強を始めたため、全体的に勉強の量も増えました。

→ *idea 06*

勉強した内容を日記のように書き残しておくと、あとで振り返ったときに“頑張った感”の集積として目に映り、そこから勇気をもらえる。

→ *idea 74*

Aさんは、ほめられると頑張れるという「自分のいい面」をよく知っていて、自分の期待に自分で応えようとすることでやる気に結びつけている。

→ *idea 01*
→ *idea 02*

勉強スイッチをオンにする“儀式”として、このように「自分への励ましメッセージ」をメモにしておくのもいいだろう。

今となっては、補講を休む・宿題を減らしてもらう等すればよかったかも……と思います。しかし、当時はそれは怠けのように感じられてやりたくありませんでした。私は「これだけやった、頑張った」という達成感に浸るのが好きというか、多少無茶をしても、その無茶を振り返ることでモチベーションが上がる傾向がある idea 45 のです。

なので、勉強は「量（回数）をこなす」ことに重点をおいて進めました。これは効率を考えてというより、自分の気持ちを引っ張るためで idea 10 した。

もっとも、結構休みは取っていました。だいたい毎日6～7時間はまとめて寝ていましたし、これ以上やっても効果がないと思ったとき、ストレスがたまったとき、どうしても見たい映画がある時などはきっぱり休みました。idea 26 東京まで歌舞伎を見に行ったこともありました。そのかわり、出かけるにしても往復の車内では単語帳を見る、休みを引きずらない、休みすぎてノルマを達成できなかった時後悔しないなど自分なりのルールを決めて実行していました。「怠けたからできなかった」と考えるのではなく「自分にとって必要な休み」だったと考え、手帳も含めて受験中はメンタル的に自分に厳しくしすぎないように心がけました。 idea 27

→ *idea 45*

一番苦しかった時期でも、自分に合ったやり方で愚直に勉強に取り組んだことが、Aさんにとって大きなプラスとなった。

→ *idea 10*

量（回数）をこなす勉強法は、「これだけの量をこなした！」という充実感と自信を得られる。それがAさんの気持ちを引っ張ったのだろう。

→ *idea 26*

休むときはキッパリ休む。遊ぶときは思いっきり遊ぶ。このメリハリがやる気と集中力を生み出す。

→ *idea 27*

無理して自分を追い込まず、「できること」を淡々と消化していく姿勢が、気持ちに余裕がなくなる受験期には特に大切だ。

9月頃から学校の補講がセンター中心になり、先生と1対1で延々と過去問を解き続けました。全く歯が立たずへこむこともありましたが、センター慣れには役立ちました。

この時期数学はセンター模試で30～40点、記述だと0点もありました。全体もセンターは最初のD判定から変化せず、東北大向けの記述ではB、C判定といったところでした。

3．センター試験前

センター試験前一週間は図書館にこもって一日中過去問を解いていました。「なんか起こしてやろう」という気持ちでめらめら燃えていて、意外に楽しかったです。……idea 72

→ idea 72
おそらく過去問を解くうちに「逆転合格、イケる！」と気分がハイになり、ものすごい集中力を生み出したのだろう。自分を乗せるのがうまい！

数学の過去問は一通り補講で勉強し、メモ帳に解法を書いて電車の中で読み、解法の流れのイメージを作って丸暗記していたので、過去問演習はその解法を確認する状態でした。そのため、コンスタントに70点以上、調子がいい時には90点以上の高得点がとれました。丸暗記したのでいい点がとれて当り前なんですが、やはりテンションが上がりました。……idea 32

→ idea 32
センター試験の数学でさえ、実は「暗記だけ」で点が伸びる要素が非常に大きい。それで結果が出ればやる気もアップするし、大きな自信にもつながる。

本番では、現社86、地理85、国語117、英語182、リスニング38、生物87、数Ⅰ60、数Ⅱ54という結果となり、目標点を少し上回ってセンターを終えました。

4．2次試験まで

2月中旬までは授業もあり、センター前ほどの勉強時間は確保できなかったと思います。「睡眠をきちんととる、生活のペースを変えない」ことを心がけ、過去問演習に加え、英単語、イディオムや古文単語の復習に力を入れました。「速読英単語」はデザインが好きだったのでずっと読んでいました。

数学は1問完答＋部分点を目指す方針で、恐らく1問は微積だろうと思い、微積の勉強も続けました。idea 29

最初の内、過去問はかなり難しく感じられましたが、無理だとは思いませんでした。1ヶ月、1週間でどれだけのことがやれるかは受験勉強を通して身に付けた重要な感覚です。1ヶ月あれば十分に「合格点」をとれるまで戦えると思えました。idea 36

そして、実際に戦えたのです。

→ *idea 29*

苦手な数学は無理をせず、「1問完答＋部分点」でしのぐ作戦を立てることで、“やれそう感”が高まる。

→ *idea 36*

1年前には「無謀」と思えた東北大学も、入試1か月前には「十分にやれそう」に変わっている。合格最低点を目標にした受験計画に沿って、小分けにした目標を着実にクリアしてきた結果である。

…私の受験体験は以上です。「こんな人間が受かったんだから、私でも大丈夫だなぁ」という感じで眺めていただければ幸いです。idea 75

もう９月ですね。受験生は理科や社会の勉強が本格化しているころだと思います。私は去年の本日、実況地理の 14 頁を読んでいました。

あと半年、受験勉強を楽しんでください。idea 66

→ *idea 75*

Ａさんのような先輩がもし身近にいれば、その人を理想化対象として頑張ってほしい。

→ *idea 66*

受験勉強の「楽しさ」は、自分が主役になって、自分なりのやり方で成功できるところにもある。

✷

小中学校の復習から始めて、わずか１年の受験勉強で「無謀」と思えた難関大学に逆転合格を果たしたＡさん。キミも「自分だってやればできそう！」と勇気をもらえたことだろう。

その気持ちが薄れないうちに、さっそく動き出してほしい。くじけそうになったときは、またこの本に戻ってくればいい。私もＡさんも、心からキミたちを応援している。

次はキミが、この本の「あとがきにかえて」を書く番だ。

和田秀樹（わだ・ひでき）
1960年大阪府生まれ。東京大学医学部卒。精神分析（特に自己心理学）、集団精神療法学、老年精神医学を専門とする。国際医療福祉大学教授、一橋大学非常勤講師（医療経済学）。灘中に入学後、高1までは劣等性だったが、2年のときに暗記主体の要領受験法を実行して得点力を伸ばし、東京大学理科Ⅲ類に現役で合格。その独自のノウハウをもとに、志望校別の通信指導、「緑鐵受験指導ゼミナール」主宰。
主な著書に『和田式　高2からの受験術』『和田式　書きなぐりノート術』『和田式　現役合格バイブル』『和田式　受験英語攻略法』『和田式　センター数学Ⅰ・A』『同Ⅱ・B』（いずれも学研）など、多数ある。
自身の経験をもとに原案、初監督をした『受験のシンデレラ』は、第5回モナコ国際映画祭グランプリ受賞。ホームページアドレス http://hidekiwada.com/

緑鐵舎に関するお問い合わせは、書面にて下記までお願いいたします。
〒113-8691　東京都文京区本郷支店　私書箱39号
緑鐵舎　通信指導部志望大学別　緑鐵受験指導ゼミナール
FAX　03-3814-2784　http://www.ryokutetsu.net/